KB183924

당신을 위한 고품격 책쓰기 수업

일생에①
한 번

one's
life
one's
book

우희경 지음

당신만의
책을 써라

밀크
북스

일생에
한 번
당신만의
책을 써라

우희경
지 음

밀크
북스

CONTENTS

[LESSON 6] 출간 후, 세상에 나를 알려라

[LESSON 7] 일생에 한 번 당신만의 책을 써라

[에필로그]

프롤로그

"책 한 권 썼을 뿐인데…"

저의 첫 책 쓰기는 '책 한 번 써 볼까?' 하는 생각으로 시작했습니다. 더 늦기 전에 어릴 적 꿈이었던 '책을 쓰고 강연하는 삶을 살고 싶어.'라는 순수한 마음에 따라 움직였죠. 그 이후의 방향은 생각할 겨를도 없었습니다. 단지 내 책이 교보문고에 전시가 된다면 얼마나 신날까? 라는 생각만 했습니다.

첫 책을 쓰기 시작한 후로 예상하지 못한 일이 벌어졌습니다. 삶이 점점 달라졌습니다. 꿈에 그리던 강연을 하게 되었고, 언론사 인터뷰가 들어왔습니다. 시간이 흐르면서 점차 다양한 주제로 책을 쓰고 강의하게 되었습니다. 그러면서 주변 사람들도 바뀌었습니다. 시간이 흘러 돌아보니, 저는 어느덧 많은 이들에게 희망과 동기부여를 주는 사람이 되었습니다.

이런 외적인 변화뿐만 아니라, 무엇보다 세상에서 가장 변하기 어렵다는 '나'를 바꿨습니다. '뭐든지 할 수 있다.'는 자신감이 생겼습니다. 끌려가는 인생

일생에 한 번은 당신만의 책을 써라

이 아닌 주체적으로 나를 끌고 가는 삶을 살게 되었습니다.

평범한 직장이었던 저는 최근 몇 년간, 몰라보게 성장했습니다. 무엇이 저를 그렇게 변화시켰을까요? 제 삶에 터닝 포인트가 된 것은 한 권의 책이었습니다. 그냥 무심코 읽었던 책 한 권이 아니라, 제 이름으로 된 책 한 권을 쓰고 난 이후부터였습니다. 그때부터 세상을 바라보는 관점이 넓어졌고, 사고 또한 유연해졌습니다. 무엇보다 자기 효능감이 향상되어 생각대로 사는 삶을 살고 있습니다.

아마 그때부터인 것 같습니다. 사람들을 만나면 "책을 한 번 써 보라."고 권유했습니다. 내가 해 봐서 삶의 변화를 느꼈으니, 제 주변 사람들에게도 그런 기분을 느끼게 해 주고 싶었습니다. 어떤 오지랖 같은 거였죠. 출판 기획자와 책 쓰기 코치로서의 삶은 그렇게 시작되었습니다. 처음부터 계획하고 하려고 했던 일이라기보다, 좋아서 하다 보니 벌써 100명이 넘는 저자를 배출하게 되었습니다. 그러다 보니, 주변에서 더 자주 물어 보기 시작했습니다.

"혹시 제 인생도 책이 될 수 있을까요?"

지난 몇 년간 다양한 사람들을 만나며, 저에게 가장 많이 물어보는 질문은 자신의 삶을 바탕으로 책을 쓸 수 있냐는 것이었습니다. 이 책은 그런 분들에게 따뜻한 멘토링과 동기부여를 하기 위해 탄생했습니다. 100명 넘는 저자를 양성하며, 제가 몸으로 깨우쳤던 지식과 지혜를 담았습니다.

저는 특별한 인생만이 특별한 책을 쓸 수 있다고 생각하지 않습니다. 평범한 삶일지라도 그 속에서 나만의 가치를 발견하고 그것을 세상과 교류할 수 있다면, 책을 쓸 수 있습니다. 다만, 필요한 것이 있다면 내면을 대면할 용기와, 나의 경험이나 지식을 타인과 공유하겠다는 의지일 뿐입니다. 그런 마음만 있다면 내 삶도 충분히 가치 있는 이야기가 되어, 오직 나만 할 수 있는 특별한 서사가 됩니다.

나의 서사를 담은 스토리를 책으로 펴내 세상에 내놓아 보세요. 나에게 상상하지 못한 변화가 찾아 올 테니까요. 어떻게 써야 할지 모르겠다면, 이 책을 지침서 삼아 하나씩 실천해 보세요. 그러면 어느새 근사한 '작가'가 되어 있을 겁니다.

여러분의 이야기는 그 자체로 고유한 가치가 있습니다. 일생에 한 번만이라도, 있는 그대로의 내 경험과 지식을 꺼내어 책으로 써 보세요. 그다음에 벌어지는 일들은 가슴 깊이 받아 드리면 되니까요. 부디 이 책을 통해 독자님의 삶이 책이 되는 기적을 만나기 바랍니다.

"일생에 한 번 당신만의 책을 쓰세요."

2024년 12월

우희경

LESSON
1

내 삶의
가치를
발견하라

누구나 책 한 권을 쓸 만한 이야기는 있다

버킷리스트에 등장하는 '0' 순위가 내 이름으로 된 책 내기가 아닐까? 기록은 인간의 본능이다. 문자가 발달하지 않았던 고대에도 동굴에 그림을 그려, 그들의 삶을 기록했다. 인간은 후손을 남겨 세대를 이어가고 싶어 한다. 이처럼 자신의 삶을 기록으로 남기고 싶은 것은 어쩌면 당연한 욕구인지 모른다. 아쉽게도 내 이름으로 된 책을 쓰고 싶지만, 도전하는 사람은 드물다. 대부분은 생각에만 그친다. "쓰고 싶다."는 말을 하는 사람은 많지만, 실제로 행동으로 옮기는 사람은 많지 않다. 책 쓰기 관련 상담을 하다 보면, 자주 듣는 말 중 하나도 지난날을 후회하는 말이다.

"돌이켜 보니 더 젊었을 때, 하고 싶은 걸 하지 못했다는 후회가 남아요. 지금이라도 제 삶을 책으로 남기고 싶어요."

그런 이야기를 들을 때마다, "하고 싶은 마음이 들 때, 한 번 시도해 보세요."라고 조언한다. 그것도 잠시뿐, 이내 그 자리에 있는 분들을 발견한다. 열정은 깃털처럼 가볍다. 하고 싶었던 마음이 오래 갈 것 같지만, 이내 사라진다. 열정을 유지하려면 하고 싶은 일이 있을 때, 일단 해 봐야 한다. 그렇지 않으면 머릿속에서 잊히고, 시간만 흐른다. 그사이 나이는 한 살 또 먹고 하고자 했던 일은 영영 하기 어려운 일이 되어버린다. 그러다 "그냥 이렇게 살지 뭐." 합리화하며 자신이 뱉은 말처럼 살게 된다. 당신은 생각과 행동 중 무엇이 더 무거운가?

1. 생각 > 행동
2. 생각 < 행동

만약 두 가지 중 생각이 행동보다 무거우면 성장이 없고, 행동이 생각보다 무거우면 성장과 발전만 있다. '내 이름으로 된 책 한 권 내고 싶다.'라고 마음먹었다면 해 봐야 한다. 책을 쓰는데 글쓰기 스킬이나, 콘텐츠보다 중요한 것이 있다. '하겠다.'는 마음이다. 그다음은 그 마음에 따라 실천하는 일이다.

한 번은 책 쓰기 상담을 하며, 한 분야에서 20년간 일한 연구원을 만난 적 있다. 자신의 연구 실적을 인정받아 기업에 외부 강의도 나가고 있었다. 외부 강의를 나가면서 저서가 필요하다고 느낀 J 씨는 어떤 주제의 책을 써야 할지 자문했다. 나는 그분의 연구 실적과 업무 경력에 맞는 주제를 알려주었다. 워낙 특수한 분야이기도 하고, 트렌드에 잘 맞는 분야라 그분이 책을 쓰면 사회에 좋은 영향을 줄 것 같았다. 아쉽게도 그녀는 '책은 아무나 쓸 수 없다.'는 편견에 부딪혀 도전하지 못했다. 이렇게 아무리 훌륭한 경력과 연구 실적이 있다고 하더라도 실천하지 않으면, 그 가치를 증명할 수 없다.

그뿐만 아니라 기자나 방송작가, 논술 강사처럼 직업으로 글을 쓰는 분들도 마찬가지다. 화려한 필력이 있다고 하더라도 결국 그것을 책으로 펴낼 수 없다면 알아주는 이가 없다. 타고난 글 감각이 있더라도 계발하지 않으면 퇴보한다. 반대로 그것이 부족할지라도 실천하는 사람은 '책'이라는 결과물을 낸다. 그 차이뿐이다.

내가 이렇게 확고하게 말할 수 있는 이유는 책은 누구나 쓸 수 있기 때문이다. 각자 고유한 경험이 있고, 거기서 깨달은 지혜가 있다. 20대는 10대에게 할 말이 있고, 30대는 20대에게 할 말이 있다. 50~60대라면 전 연령층에서 할 말이 있다. 살아온 세월만큼 쌓아온 경험과 지식이 있다면 그것을 잘 풀어내는 것만으로 책이 될 수 있다. 이렇게 말하면 또 어떤 분은 이렇게 반문할지 모르겠다.

"내가 전문직이 아니라도 괜찮은가?"
"나는 한 분야에서 성공하지 못했는데 책을 쓸 수 있나?"

내가 전문가가 아니어서 책을 못 쓰는 것은 하나의 편견이다. 한 분야에서 괄목할 만한 성공을 이루지 못했다고 해서 책을 쓸 자격이 없다고 생각하는 것도 일종의 고정관념이다. 내가 진행하는 책 쓰기 프로그램에 들어오는 대부분은 직장인이다. 그들이 실제로 책을 펴냈고, 책을 낸 이후에도 다양한 활동을 이어가고 있다.

전문직과 성공한 사람만 책을 쓰는 시대는 끝났다. 시대가 변했다. 이제는 누구나 쓰는 시대다. 꼭 책이 아니더라도 우리는 이미 쓰는 시대에 살고 있다. 회사에서 이메일, 보고서나 평가서를 쓴다. 비즈니스를 하는 사람들은 제안서나 홍보 글을 쓴다. 일상생활 속에서는 어떤가? 블로그나, 인스타그램 같은 소셜 미디어를 운영하려고 해도 글을 써야 한다. 70~80년대를 살았던 사람들은 이렇게 쓰지 않고도 먹고 사는 데 큰 문제가 없었다. 지금은 쓰기가 상용화되지 않은 곳이 거의 없을 정도다.

책 쓰기도 똑같다. 여러분이 생각하듯, 10년 전만 해도 성공한 사람이나 전문직 중심으로 책을 썼다. 출판의 문도 높았다. 지금은 어떤가? 브런치 카카오처럼 출판 플랫폼이 등장했다. 전자책이나 자가 출판, 독립 출판처럼 책을 낼 수 있는 창구도 넓어졌다.

이런 사회적 환경의 변화뿐만 아니라, 내 목소리를 내고 싶은 사람들도 많아졌다. 소셜 미디어의 발달로 온라인 콘텐츠를 바탕으로 출판의 기회를 만들려는 분들도 많다. 원 소스 멀티 유즈의 시대만큼 책은 내 콘텐츠를 알리는 한 방법으로 활용하기도 한다.

블로그나 인스타그램, 유튜브 진입이 어렵지 않은 거처럼, 책 쓰기도 그렇게 접근했으면 한다. 나의 이야기를 소소하게 적는 방법으로, 내가 알게 된 내용을 주변 사람들에게 알려준다는 마음으로 말이다.

책은 한 사람의 인생이 담겨 있다. 어떤 이야기를 하든 그 속에는 글쓴이의 생각이나 경험이 고스란히 전해진다. 경험 없는 사람이 어디 있는가? 생각 없이 사는 사람이 어디 있는가? 단지 그것을 책으로 정리해 볼 생각만 하지 않았을 뿐이다.

한 사람의 인생이 어떻든 나는 누구나 한 권의 책을 쓸 만한 이야기가 있다고 생각한다. 한 사람의 삶이 책이기 때문이다. 내가 코칭 했던『70에도 꽃은 피는 거야』의 정용옥 저자는 60이 넘어 세상 밖으로 나왔다. 그때부터 석사·박사 학위를 따며 공부했다. 자원봉사를 시작으로 강의를 시작했다. 그런 자신의 도전하는 삶을 책으로 펴냈다. 남들은 다 은퇴할 시기에 책의 제목처럼 70이 넘는 나이에도 활발하게 강연을 다니고 있다.

『싱글맘 독립 백서』의 비채 저자는 자신의 삶 자체를 책으로 펴냈다. 싱글맘이 되어 고군분투하며 홀로서기를 했던 경험을 살려 후배 싱글 맘들에게 희망의 메시지를 주었다. 이분들이 특별해 보이는가? 조금만 관심을 두고 눈을 돌리면 우리 주변에서 볼 수 있는 분들이다. 차이가 있다면 자신의 이야기에 의미를 부여하여 책을 낸 저자가 되었다는 점이다.

나의 경험이, 그 속에서 알게 된 지식이나 지혜가 책이 된다. 살면서 어떤 문제에 부딪히며 그것을 극복했던 경험, 도전하며 성취해 봤던 경험, 어떤 것이 궁금하여 공부해 봤던 경험이 책이 될 수 있다. 책은 아무나 쓸 수 없다고 여겨 미리 한계를 정하지만 않으면 된다. 나의 존재 자체가 소중한 것처럼, 내 삶도 귀하다. 내가 살아온 인생도 누군가에게는 위로와 희망을 줄 수 있는 충분한 가치가 있다. 그러니 책을 쓴다는 것을 어렵게 접근하지 않아도 된다. 누구나 책 한 권을 쓸 만한 이야기는 있다. 나의 진심을 담은 이야기를 책을 펴낼 용기만 있다면 할 수 있다.

평범한 나의 이야기에서 의미를 발견하라

"저처럼 평범한 사람도 책을 쓸 수 있을까요?"

책 쓰기 특강을 하며 많이 듣는 질문 중 하나이다. 책 쓰기가 예전에 비해 많이 일반화된 지금도 여전히 많은 이들이 도전에 큰 벽을 느낀다. 매일 비슷한 느낌의 질문에 내가 하는 답은 이렇다.

"그럼요. 할 수 있습니다."

그들의 우려와는 달리, 서점에 가 보면 다양한 사연을 가진 사람들의 이야기를 담은 책이 넘쳐난다. 일례로 강렬한 제목으로 오랫동안 스테디셀러로 주목받았던 『죽고 싶지만, 떡볶이가 먹고 싶어』의 백세희 저자는 정신과 치료를 받으며 의사와 나누었던 상담 이야기를 엮어 책을 펴냈다. 출판사 직원이었던 그녀도 책을 쓰기 전에는 평범한 직장인이었다. 그녀는 기분부전장애와 불안장애를 겪으면서 정신과 상담을 받게 되었다. 자기 상담 이야기를 진솔하고 덤덤하게 풀어간 책이 바로 『죽고 싶지만, 떡볶이가 먹고 싶어』이다.

태원준 저자의 『엄마, 일단 가고 봅시다』는 30대 아들과 60대 엄마가 세계 여행을 떠나서 겪은 이야기를 담은 책이다. 지금은 여행 작가로 자리매김한 태원준 저자 역시 책을 내기 전에는 평범했다.

사람들은 평범하기 때문에 책을 낼 수 없다고 생각하지만, 우리에게 잘 알려진 저자들 역시 책을 내기 전에는 평범한 삶을 살았다. 지금은 베스트셀러작가로, 강연가로 살 수 있었던 비결은 자신의 이야기를 '책'으로 펴내겠다는 용기가 있었을 뿐이다.

태어날 때부터 성공할 운명을 가진 사람은 없다. 필력을 타고나 처음부터 글을 잘 썼던 사람도 드물다. 책을 쓴 사람들은 도전하며 자신의 운명을 개척했다. 또한 끊임없는 훈련을 통해 필력을 키워 책을 낸 것뿐이다. 다시 말해, 지금 책을 낸 사람들이 대단하고 멋지게 보이겠지만, 그런 그들도 처음부터 그렇지는 않았다는 점이다.

위의 두 책에 나오는 이야기를 잘 관찰하자. 대부분은 저자가 일상에서 겪은 일화다. 그들의 삶을 글로 옮겨 책으로 보니 더 특별해 보이는 것이다. 평범하다는 것은 오히려 독자들에게는 '공감'을 살 수 있는 포인트가 된다. 내가 아무리 따라 해도 쫓아가지 못하는 사람보다, 조금만 노력하면 그들만큼은 할 수 있다는 점을 어필하는 것이 '평범함'을 책으로 쓰는 무기가 된다.

누구나 '죽기 전에 내 이름으로 된 책 한 권은 남기고 싶다.'라고 생각한다. 그것을 실천하는 사람은 많이 없다. "내 이야기를 책으로 펴냈으면 10권은 썼다."라고 말하는 할머니들도 풀어낼 이야기가 많지만, 말로만 끝난다. 그렇게 생을 마감한다. 그 후에는 더 이상 그분들의 역사를 알 길이 없다. 많은 이들이 책을 쓰고 싶어 하지만, 마음만으로 끝나는 이유는 책을 쓰는 일에 부담을 느끼기 때문이다. 책은 아무나 쓰지 못한다고 생각한다. 그다음에는 무엇을 써야 할지도 모르겠다. 막상 쓰고자 마음을 먹고 시작하려고 하지만, '글쓰기'가 가로막는다. 이렇게 몇 가지 마음의 장벽을 극복해야 하므로 도전이 어렵다. 처음 책을 쓰려고 한다면 어깨에 힘을 빼고, 조금 가벼운 마음으로 접근해야 시작할 수 있다.

회사에 다니며 다양한 사건 사고를 겪으며 운명의 장난인가를 말하고 싶을 때가 있지 않은가? 그런 이야기를 쓰면 된다. 여행을 다녀온 후, 친구에게 전해주고 싶은 이야기가 많아, 입이 근질근질한가? 그 이야기를 쓰면 된다. 유난히 인간관계 때문에 어려움을 겪었다고 해 보자. 덕분에 사회생활이 어려워 다양한 책을 읽고 실전에 적용하면서 인간관계를 극복했다. 나만의 노하우가 생긴 것이다. 그런 이야기를 책으로 써 본다고 생각해 보자. 나와 똑같이 관계가 어려운 사람들에게는 알토란같은 정보와 지혜가 될 수 있다.

자존감이 부족해 매사에 부정적이고, 눈치만 보고 살아왔는가? 그렇게 살지 않겠다고 마음먹고 노력해 본 경험이 있는가? 그 사연이 책이다.

세상에 사연 없는 사람이 어디 있을까? 입이 떡 벌어질 만한 성공담이 있다고 해서 책을 쓸 수 있는 것은 아니다. 지금은 '실패'도 하나의 콘텐츠가 되는 시대이다. 실제로 내가 코칭했던 『서른이면 제법 근사할 줄 알았어』의 정하연 저자는 자신의 실패 경험을 책으로 펴냈다. 다양한 시도를 하며 겪은 실패가 자신만의 고유 스토리가 되었다. 실패가 무슨 책이 될지 생각하지만, 실패를 통해 얻은 깨달음 혹은 실패를 줄이는 방법을 제시할 수 있다면 훌륭한 콘텐츠가 될 수 있다. 시도조차 어려운 사람들이나 실패하여 재기하기 어려운 사람들은 이 책이 지침서가 될 수 있기 때문이다.

이렇게 내가 먼저 겪은 경험에서 얻은 지식이나 지혜를 그 일을 아직 겪지 못한 사람들에게 알려준다는 마음만 있으면 된다. 40년~50년 인생을 살아온 사람이라면 적어도 20~30세대에게 해 줄 말이 있지 않은가? 회식 자리에서 아래 직원에게 쏟아냈던 경험을 토대로 책을 써 보자. 회식 자리에서 하면 꼰대가 되지만, 책으로 펴내는 순간 새겨듣고 싶은 '조언'이 된다.

누구나 책 한 권은 품고 산다. 그러나 자신만의 이야기를 책으로 펴내려고 하지 않을 뿐이다. 사람은 한 번 고착된 생각을 뿌리 뽑기가 어렵다. 그 생각이 자신의 사고를 지배하여 자신이 맞다고 생각하기 때문이다. 여기서 편견이 생긴다. '책은 아무나 쓰는 것이 아니다.'라는 식으로 말이다. 혹은 스스로 '내 이야기가 책이 되겠어?' ' 내가 무슨 책을 써?' 라고 한계를 지어 버린다. 그런 생각이 책 쓰기 도전을 가로막는다.

세상에 어떤 사람만 책을 쓸 수 있다는 기준이나 자격증은 없다. 단지, 책을 쓰는 사람은 사고의 전환만 했을 뿐이다. 여기서 말하는 사고의 전환이란 '나도 한번 해 보자.'라는 도전 의식이다. 즉, '유연한 사고'와 '넓은 마인드'를 가지고 생각만 바꿔도 책은 쓸 수 있다. 아직도 자신이 평범하여 책을 못 쓴다고 생각하는가? 그렇다면 평범하기 때문에라도 책을 써야 한다. 그래야 평범한 인생에서 벗어날 수 있다.

　　어렵다고 생각하는 것은 해 보기도 전에 그런 생각으로 도전조차 못 하게 가로막는다. 반대로 생각하면 '해 볼 만하다.'라는 생각을 가져야 해 볼 만한 일이 된다. 책을 쓰는 일은 해 볼 만 한 일로 바라보자. 내 생각이 변할 때, 나의 이야기가 책이 되어 세상에 나올 수 있다.

책을 쓰는데 완벽한 때는 없다

아무 준비 없이 책을 쓸 수 있냐며 걱정하는 분들이 있다. 어떤 준비를 해야 하냐고 물으면, 주변 분들에게 물어보거나 관련 책을 읽어 보고 준비한다고 한다. 아쉽게도 그렇게 말하는 사람치고 책 쓰기에 도전하는 분을 보지 못했다.

'성공하면 써야지.', '더 경력을 쌓으면 책을 써야지.' 생각하지만, 어느 세월에 성공하고 언제면 내가 원하는 만큼의 경력을 쌓을 수 있을까? 지금 있는 자리에서 책을 쓰지 않으면 책을 쓰는 일은 점점 더 어려운 일이 되어 버린다. 세상에 완벽한 준비는 없다. 많은 분이 회사의 임원이 되거나, 사업에 큰 성공을 하여 책을 쓰겠다고 다짐한다. 그런 성공을 하는 것보다 책을 쓰는 일이 훨씬 쉽다.

그러면 언제가 책을 써야 할 타이밍일까? 그에 대한 답은 명확하다. '지금'이다. 이 책을 읽으면서 동기부여를 받을 때, 책을 한 번 써 봐야겠다고 마음먹었을 때가 적기다. 아직은 때가 아닌 것 같아 '다음에'로 미루지만, 아쉽게도 '다음에'라는 단어에 다음이 없고, '언젠가'라는 말에 '언제'는 존재하지 않는다. 다음에 쓰겠다는 말은 쓰지 않겠다는 의미와 같다. 지금 하지 못하는 일을 나중에라도 시작할 확률이 몇 프로나 될까? 내가 마음먹은 그 시점이 책을 쓰기에 가장 완벽한 때다.

이렇게 말하면 "당신은 무엇인가 갖추고 책을 쓴 것이 아니냐?"고 반문할지 모른다. 아니다. 커리어가 완벽하게 무르익을 때도 아니었고, 삶의 정점을 찍을 때도 아닐 때 책을 쓰기 시작했다. 평범하다 못해 삶의 바닥을 찍었을 때 말이다. 나는 외국계 항공사에서 11년을 근무하고 퇴사 후, 책을 쓰기 시작했다. 나를 내세워 줄 간판도 명함도 없이. 그러니까 백수 상태에서 책을 썼다. 그것뿐만 아니다. 임산부 신분에서 첫 책 쓰기에 도전했다. 다리는 퉁퉁 붓고, 배가 뭉치는 신체적으로 가장 불편한 상태에서.

퇴사 후 거의 3~4년간 내가 몰입한 것은 독서와 글쓰기였다. 그 시간은 거의 수도승과 가까운 삶을 보냈다. 정신적, 신체적으로 가장 힘들 때 책을 읽고, 글을 쓰면서 '내공 쌓기'만 하며 시간을 보냈다. 오직 '책을 쓰고 싶다.'는 마음 하나로. 책을 읽으며 책 속의 저자를 스승으로 삼았다. 그것에 멈추지 않고, 그들을 직접 만나 멘토로 섬기고, 배움을 지속하며 앞으로 나아갈 수 있었다. 이 책을 읽는 분 중에 첫 책을 낼 당시의 내 상황보다 좋은 상황이라면 누구나 책을 쓸 수 있다.

완벽하게 갖춰지지 않은 상태에서 책을 쓴 사람은 많다. 『48초 기적의 독서법』 등 지금까지 약 100권의 책을 써낸 김병완 저자도 백수 상태에서 책을 썼다. 『나이 서른에 책 3,000권을 읽어봤더니』 등 다수의 책을 써낸 이상민 저자도 비슷하다. 3년간 수천 권의 책을 읽고, 다큐멘터리를 보며 지식과 정보를 수집한 후 책을 썼다. 그때 그는 직업 전선에 뛰어들지 않은 상태였다. 이들의 특징이 뭔지 아는가? 지금 있는 자리에서 책을 쓰기 시작했다는 점이다. 완벽한 상황과 건강, 시간이 주어져서 쓴 점이 아니라는 거다.

내가 진행하는 책 쓰기 프로그램을 통해 책을 낸 분들도 마찬가지다. 마음먹는 순간 도전하고, 묵묵히 쓴다. 반대로, 몇 년째 책을 쓰겠다고 말하면서 실패하는 분들의 특징도 거의 유사하다. 저자들이 진행하는 수업이나, 출판사 혹은 기관에서 운영하는 특강은 빠짐없이 듣고 정보를 수집한다. 그것도 모자라 자신이 조언을 구할 수 있는 모든 분의 의견을 듣는다. 입사 준비하듯, 꼼꼼하게 자료를 모으고 조언을 듣지만 결국 실행은 하지 않는다.

모든 일이 그렇듯, 세세하게 알고 시작하면 오히려 두려움이 생긴다. 다양한 의견을 모아 가장 현명한 선택을 할 것 같지만 그렇지 못하다. 오히려 판단에 도움이 되는 질 좋은 생각이 아니라, 잡념에 휩싸이다 포기한다. 정보를 수집한다고 수많은 특강을 듣거나 조언을 들어도 책을 못 쓰는 이유는 하나다. 책을 쓰는 것이 하루 만에 진행되는 특강으로 쓸 수 있는 분야가 아니기 때문이다. 한 사람의 삶을 깊이 들여다보고, 그 속에서 책이 될 만한 콘텐츠를 발견하여 시장과 연결하는 작업이 필요하다.

책은 글쓰기 실력이나 정보 수집으로만 쓸 수도 없다. 필력이나 문장력이 책을 쓰는데 도움이 되긴 하지만, 그것이 부족하다고 하여 책을 쓰지 못하는 것은 아니다. 왜냐하면 필력과 문장력은 책을 쓰기에 필요한 충분조건이지, 필요조건이라고 볼 수는 없다. 내가 말하고자 하는 것을 타인이 이해할 수 있도록 전달만 할 수 있다면 책은 쓸 수 있다. 수려한 글솜씨보다 진정성 있는 글이 독자들에게는 더욱 값진 책이 된다. 마찬가지로 정보를 많이 모으고, 여러 사람의 조언을 들으면 쓸 수 있을 것 같지만 그렇지 않다. 그 시간에 자리에 앉아 한 줄이라도 글을 쓰는 편이 낫다.

그렇다면 책은 어떤 사람이 쓸까? 의지가 강한 사람이 쓴다. 즉, '의식'이 갖춰진 사람이 쓴다. 쓰고자 하는 의지가 강하다는 것은 나의 현재 상황을 뛰어넘을 만한 의식이 있다는 뜻이다. 만약 스승이나 멘토의 도움 없이 책을 쓰고 싶은 분이 계시다면, 글쓰기보다 마인드 공부를 하라고 추천하고 싶다. 의식만 잘 갖출 수 있다면, 강한 도전정신과 의지는 물론이고 끝까지 쓸 수 있는 지속력도 따라온다.

김병완 저자의『김병완의 책 쓰기 혁명』에서도 혼자 글쓰기를 하고 싶다면 의식의 변화가 가장 필요하다고 강조한다. 그는 펜을 들 수 있는 용기가 있어야 글쓰기를 시작할 수 있다며, 그 외에 필요한 것은 아무것도 없다고 주장한다. 그렇다. 책은 그런 불굴의 정신으로 쓴다. 나 또한 그랬고, 책을 출간한 수많은 다른 분들도 마찬가지다.

시간도 충분하고, 체력도 받쳐주며 여유까지 있어 모든 것이 주어진다면 책을 쓸 수 있을까? 성인이 된 이상 그런 조건이 주어지는 것은 힘들다. 억지로 만들려고 한다면『월든』의 저자 헨리 데이비드 소로우처럼 한적한 시골 마을로 들어가 오두막을 짓고 오직 집필 활동만 해야 한다. 그게 어디 쉬운 일인가? 생계 활동을 하면서 일상을 이어가야 하는 사람에게 오직 책을 쓰기 위해 그런 시간을 마련하는 것은 현실적이지 못하다.

오히려 생계 활동을 하느라 힘들고 바쁜 상황이지만, 출근 전 시간을 따로 내는 사람이 책을 쓸 수 있다. 긴박하게 흘러가는 일상에서 책을 쓰기 위해 시간을 확보하고, 몰입해야 완성까지 할 수 있다. 실제로 책 쓰기 프로그램을 진행하다 보면, 직장 생활을 하면서도 3~4개월 이내에 원고를 완성하는 경우가 더 많았다.

완벽한 상황이 주어지길 바라는가? 내가 만족할 만한 성공을 하길 원하는가? 부와 명예가 주어졌을 때는 책을 쓸 수 있을 것 같은가? 그런 때가 오길 바라겠지만 완벽한 때가 오는 것은 쉽지 않다. 만약 그때가 오더라도 나이가 든 후에는 글을 쓸 만한 체력이나 정신력이 예전 같지 않다.

나 자신에게 높은 기준을 내세우지 않아도 된다. 10억 부자는 100억 부자에 비해 한없이 작은 존재다. 반대로 100억 부자는 1,000억 부자에 비해 작은 부자다. 기준은 상대적이다. 내가 있는 자리에서, 글을 쓰는 것이 책 쓰기에 쉽게 다가가는 방법이다. 세상에 전문가나 부자보다 그렇지 못한 사람이 더 많다. 성장하기 전 내 모습으로 사는 사람들에게 내가 줄 수 있는 메시지가 있는지를 생각해 보자. 그 메시지 하나로 시작하면 된다. 생각이 많은 사람보다 그냥 하는 사람의 힘이 더 세다는 것을 기억하자.

책 쓰기는 나를 위한 최소한의 예의

한 유튜브 채널에서 인터뷰가 진행된 적이 있다. 공식적인 질문에 대한 답을 하고 난 후, 채널 운영자와 사석에서 대화를 이어 나갔다. 그 운영자는 현직에서 일하며 주말을 이용하여 유튜버로 활동하는 분이었다. 인터뷰 전부터 개인적으로 궁금한 게 많았다며, 나에게 넌지시 질문을 던졌다.

"퇴사를 고민하고 있는데, 어떻게 하면 좋을까요?"

유튜버로 활동하며, 회사 나오기 전에 개인 저서 1~2권은 써서 나오라는 조언을 했다. 그 역시 여러 권의 책을 써야 한다는 것을 인지하고 있었다. 이어, 공저 한 권을 이미 썼다는 이야기를 전했다.

"제가 재테크에 성공했던 스토리가 있었거든요. 몇 년간 잠 줄여가며 재테크를 했는데, 제 이야기가 그 그룹에서만 알지, 다른 사람들에게 이야기하려니 믿지 않더라고요. 책을 썼더니 그때부터 사람들이 제 말을 믿기 시작했어요."

혼히 있는 현상이다. 내가 생각하기에 한 분야에 전문성을 갖출 만큼 공부했다 하더라도 그것을 효과적으로 알리지 못하면 무용지물이다. 의사, 변호사같이 인정해 줄 만한 국가 자격증이 취득한 경우가 아닌 이상 전문성을 인정받기 어렵다. 이 외에도 각종 기술 자격증이나 민간 자격증이 있다고 하더라도, '자격'이 있을 뿐 그것을 사람들에게 인정을 받는 것은 다른 문제다. 시대가 변했다. 자격증 하나만으로 자신의 실력이나 전문성을 인정받기 힘들다.

지금은 '증명의 시대'다. 회사에 있다면 조직 내에서 자신의 포지션과 회사 밖에 '정체성'을 한 번 고민 해 봐야 한다. 사기업인 경우, 40~50대면 퇴직을 고려해야 하고, 공기업인 경우라 할지도 60대 전후로 회사를 나와야 한다. 퇴사 후, 40~50년을 더 살아야 하는 고령화 시대이기 때문에 직장인이 아닌, 나만의 '정체성'으로 살아갈 날이 더 많다. 전문직이나 프리랜서라 할지라도 어떤 포지셔닝을 하느냐에 따라 자신의 전문성을 더욱 견고하게 다질 수 있다. 그뿐만 아니라 다른 사람보다 '경쟁 우위'에서 자리매김할 수 있다.

인간의 수명은 늘었지만 아이러니하게 직업의 수명은 짧아진 이때 어떤 전략을 짜야 할까? 바로 '나'라는 사람의 브랜드를 확고하게 다지고, 여러 개의 직업으로 확장할 수 있도록 해야 한다. 그때 필요한 것이 '책'이다.

책을 쓴다는 의미는 글을 쓰는 단순 작업이 아니다. 내 안에 있던 한 권의 분량을 채울만한 콘텐츠를 밖으로 표현한다는 뜻이다. 이제 혼자만 아는 지식이나 경험은 의미 없다. 책을 써서 대중들에게 어필하면 나에게는 당연하게 여겨졌던 지식이나 경험도 큰 가치가 생긴다.

우선, 책을 쓰기 위해서는 그 분야에 경험치가 있고, 그 속에서 습득한 지식이나 지혜가 있어야 한다. 한 분야를 책으로 쓰다 보면 지식이나 경험이 정리가 된다. 내가 안다고 여겼던 것을 글쓰기로 아웃풋 하다 보면, 체계화된 지식으로 재탄생할 수 있다. 그러면서 나만의 '전문성'이 더욱 견고해진다.

따라서 책 쓰기는 단순히 자리에 앉아 글을 쏟아내는 일이라기보다, 내 생각을 정리하며 단단한 내면의 힘을 키우는 작업이라고 할 수 있다. 책을 쓰다 보면, 자연스럽게 메타인지 능력도 향상된다. 나를 더욱 객관적인 눈으로 바라볼 수 있고, 그 속에서 나의 미래를 생각해 볼 안목도 생긴다. 책 쓰기 코칭을 하다 보면, 자기 삶이 정리되어 많이 울었다는 분들이 있다. 내면에 고여 있던 에너지가 글로 분출되면서 자연스럽게 나오게 되는 현상이다.

다른 경우에는 내가 왜 그때 그런 일을 했는지 많이 반성이 되었다는 반응이나, 나를 객관적으로 바라보게 되었다는 말도 듣는다. 생각으로만 그쳤던 것들이 글로 표현되고, 그것을 객관적인 시선에서 보게 되면서 자연스럽게 '자기 객관화'에도 도움이 된다.

또한, 출간 후 여러 방향으로 나아간 분들도 많다. 나는 집필 전에 어떤 쪽으로 나가고 싶은지에 대해 상담한다. 상담할 때보다, 더 다양한 방향으로 자신의 영향력을 펼치는 분들이 있다. 책을 쓰면서 불안하기만 했던 미래의 모습이 상상이 되면서 자신감이 생겨 스스로 미래를 설계하게 되는 경우다.

이렇게 책을 쓰다 보면, 자연스럽게 다양한 페르소나를 가진 '나'를 마주하게 된다. 그 속에서 과거의 상처 치유의 경험이 일어나고, 현재의 나를 객관화해 보는 시간을 갖게 된다. 더불어 미래에 대한 긍정적인 상상력이 생긴다. 한 권의 책에 자기 생각, 감정, 철학 그리고 경험이 묻어 나오기 때문이다.

특히, 앞으로 자신의 방향성에 대해 생각해 볼 수 있는 힘은 더 이상 타인의 눈치 보지 않고 오롯이 자신의 힘으로 어떻게 나아갈지를 바라보게 된다. 자신의 전문성을 더욱 확고하게 다져 전문가 포지셔닝을 확고하게 갖출 수 있다. 혹은 자신이 하는 일보다 다른 쪽으로 방향을 틀어 '강연'이나 '코칭' 쪽에 더 힘을 실을 수도 있다. 책을 쓰면서 얻어진 자신감이 증폭되어 자존감이 올라가기 때문이다. 즉, 책을 쓰면 더 나은 '나'를 만날 수 있다. 더불어 '미래'를 준비하게 된다.

변화의 속도가 빨라 그 누구도 앞으로 어떤 세상이 펼쳐질지 예측할 수 없다. 그러니 더 흔들리는 사람들이 많다. 그러나 책을 쓰다 보면 자연스럽게 공부하게 된다. '나' 공부, 세상 공부, 전문 분야 공부 등. 공부하지 않으면 한 권의 책을 채우는 데 한계가 있기 때문에 공부는 필수다.

『사피엔스』의 저자 유발 하라리는 "앞으로 나이 예순에도 여든에도 자기 계발을 해야 할 것이다. 경직된 사람, 유연하지 못한 사람은 버티기 힘들 것이다."라고 말했다. 그만큼 빠르게 변하는 시대에 적응하기 위해서 자기 계발은 자신의 미래를 위한 최소한의 준비가 되었다. 책을 쓴다는 의미는 '지속적으로 공부하고 배운다.'는 뜻이다. 성장하면서 앞으로 나아가기 위해서라도 책을 써야 한다. 그렇지 않다면 100세 시대에 퇴직 후, 할 일이 없다. 책을 쓰면서 새로운 분야를 공부하고, 또 아웃풋 하면서 콘텐츠를 생산해야 한다. 그래야 머리도 늦지 않고, 지식을 습득하고 받아들일 수 있다. 자신의 미래를 위해 계속해서 변화를 느끼고 수용하며 따라가기 위해서라도 책을 써야 한다. 그래야 항상 깨어 있는 마음을 유지할 수 있다.

책 쓰기는 나를 위한 '최소한의 예의'다. 어떤 과거를 살았든 중요하지 않다. 그런 삶을 오롯이 받아들이고 성장해 나가면 된다. 현재가 중요하다. 지금부터의 선택으로 충분히 다른 미래를 설계해 나갈 수 있다. 지금 있는 자리에서 내가 세상을 향해 던질 수 있는 메시지로 책을 쓰자. 그 후에는 한층 더 성숙한 내가 되어 있을 것이다.

내 삶의 가치를 발견하라

책 쓰기 시작이 두렵지 않으려면

'죽을 때, 호랑이는 가죽을 남기고, 사람은 이름을 남긴다.'는 말이 있다. 태어나 나의 발자취를 남기는 일. 어쩌면 인간은 그러기 위해 열심히 일을 하고 삶을 영위하는지도 모른다. 그러나 막상 책을 쓰려고 하면 두렵다. 하고 싶긴 하지만, 두려움을 극복하지 못하면 내년, 또 내년이라고 생각하며 미루게 된다.

책 쓰기의 시작이 두려운 이유는 한 번도 해 보지 않은 일에 대한 걱정 때문이다. 아직 눈에 보이지 않는 불안한 미래를 위해 자신의 시간과 에너지를 쏟아내는 일이기에 겁난다. 이렇게 책 쓰기 도전을 가로막는 것은 심리적인 부분이 크다.

우리가 서점에서 보는 책은 대부분 짧게는 5개월 길게는 1년 정도 인고의 시간을 거쳐 나온 작품이다. 그러니까 하루 한 장씩 쓴 글이 모여 원고를 완성한 것이다. 그 후에는 여러 번의 퇴고 과정을 거친 후 출판사의 편집 과정을 거처 나온 완성품이다. 이미 잘 포장되어 나온 책을 보고 지레 겁을 먹어 300페이지 내외의 책을 어떻게 쓸까? 미리 걱정하지 말자.

서점에서 독자들에게 선택받기를 기다리는 책도 '처음'이 있었다. 저자들이 '무엇을 쓸까?', '어떻게 쓸까?' 하는 고민의 시간, 놀러 가고 싶은 날을 참아가면 한 장 한 장 분량을 채웠던 날. 원고를 쓰며 수없이 찾아오는 슬럼프를 이겨내기. 이렇게 많은 시간이 모여 만들어졌다. 시작이 있었기에 완성의 날도 있는 것이다. 시작해야 끝이 있다는 걸 알면서도 막상 도전 하지 못하는 이유는 보통 세 가지 심리 때문이다.

1. 자기 의심

'과연 내가 할 수 있을까?' 하고 자신의 능력을 의심한다. 모든 일은 해 보기 전까지는 자신이 그 분야를 해 낼 수 있을지 알 수 없다. 글 한 장도 써 보지 않고, 내가 할 수 있을까? 의심만 하다가 끝이 난다. 그럴 시간에 한 줄이라도 쓰면서 연습하며 도전하는 것이 낫다.

2. 안주하고 싶은 마음

생활인으로 살며 일을 하고, 집안을 챙기면서 또 책까지 쓰려고 하면 일단 시간과 체력이 필요하다. 그것에 맞게 나의 에너지도 투입되어야 한다. 막상 현 상황을 유지하면서 책을 쓰려는 시간을 내는 것이 생각할수록 무리 같다. 그때 마음속에서 이런 생각이 든다.

'지금 와서 무슨 책이야?' 그러고는 다시 일상으로 돌아간다. 이런 마음은 '핑계'일 뿐이다. 누구보다 바쁜 전문직 중에도 책을 쓰는 사람이 있고, 퇴근 후 밤에 글을 쓰는 퇴근 후 작가로 활동하는 분도 많다. 똑같이 주어진 24시간에 그 사람들만 시간이 남고 남아서 책을 쓰지는 않는다. 자신의 일상에서 시간을 떼어내어 책을 쓰는 시간을 만들 뿐이다. 만약, 내가 그런 마음이 든다면 현실에 안주하고 싶어 하는 마음일 뿐이라고 다독여야 한다.

3. 주변 눈치 보는 마음

막상 책을 쓰려고 마음을 먹고, 시작하려고 할 때 주변 사람들에게 물어본다. "나 이런 책을 쓰려고 하는데, 어떤 것 같아?" 그러면 돌아오는 답은 거의 비슷하다. "네가 무슨 책이냐?", "책은 아무나 쓰니?" "그런 책 시중에 많아. 꼭 너까지 써야겠니?" 보통은 이런 대답을 한다. 그런 소리를 들으면 정말 그런 것 같다. 나까지 군이 책을 써서 뭐 하나 싶은 생각이 올라오기 시작한다. 특히 직장인이라면 상사부터 주변 동료부터 곱지 않은 시선으로 볼까 봐 눈치가 보인다.

잘 생각해 보자. 그렇게 말하는 사람 중 누가 책을 썼는가? 쓰지 않았다. 책을 쓴 사람들은 자신의 좋은 경험이 있기에 주변에 권한다. 해당 분야에 경험이 없는 사람의 말은 듣는 것보다, 내면의 소리를 듣자.

이런 세 가지 마인드는 책을 쓰려고 시작한 사람들이 가장 많이 부딪치는 마음이다. 이런 마음은 '두려움'을 합리화하고자 할 때 찾는 이유를 가장한 핑계이다. 그렇다면 책을 쓰기 전에 두려움은 어떻게 극복할 수 있을까?

첫 번째는 '자기 믿음'이다. 자신을 믿지 않는다면 어떤 것도 해낼 수 없다. 책 쓰기도 마찬가지다. '할 수 있을까?'라는 생각보다 '해 보자.'라는 마음으로 접근해야 그 시작이 어렵지 않다. 아무리 훌륭한 멘토가 있어도, 자기에 대한 믿음이 없다면 자신감 있는 출발을 할 수 없다. 믿는 대로 된다. 내 이름으로 된 책을 내야지 하는 사람은 그렇게 될 수 있고, 할 수 없겠다고 생각하는 사람은 못 낸다. 결국 시작부터 지는 것이다. 무엇을 생각하고 상상하든 그렇게 흘러갈 수밖에 없다. 책을 쓰고자 한다면, 자신이 할 수 있음을 강하게 믿고 가 보자.

두 번째는 장기적인 안목이다. 보통 책 쓰기의 시작이 어려운 이유는 눈앞의 이익이 보이지 않기 때문이다. 즉, 책을 쓰면서 겪게 될 나의 내적 성장과 출간 후 펼쳐지게 될 또 다른 미래가 눈에 그려지지 않기에 시작이 두렵다. 책 쓰기는 장기전이다. 오늘 하루 글을 쓴다고 해서 당장 내일이 바뀌지는 않는다. 하루하루가 쌓여서 내적 성장이 일어나고, 그 이후에는 '책 출간'이라는 보상이 주어지는 과정이다. 다소 지루한 시간을 보내야 결과물이 보인다. 장기적인 안목으로 1년 뒤에 출간된 내 모습을 상상해 보자. 시작하지 않으면 벌어지지 않을 장면이다. 출간된 이후의 상황을 미리 상상해 보는 것. 그것만으로도 두려움을 줄일 수 있다.

세 번째는 긍정적인 마음이다. 책 쓰기 상담을 하다 보면 이렇게 말하시는 분이 있다. "혹시라도 제가 글을 잘 쓰지 못하거나, 책이 안 나오면 어떻게요?" 이미 마음에서 잘되지 않았을 때를 생각하며 묻는 말이다. 시작도 하기 전에 책이 안 나오는 것을 걱정한다면 아무것도 할 수 없다. 이는 집을 사면서

"집을 사자마자 떨어지면 어떻게요?"라고 묻는 거와 같다. 잘 안됐을 경우를 생각하여 대비하는 마음은 좋지만, 해 보지 않은 일에 대해 잘못된 결과를 생각하는 것은 시작 자체를 막는다. 모든 도전은 예측 불허이다. 그러나 긍정적인 결과를 바라며 시작해야 좋은 결과가 나온다. 그런 마음을 갖고 도전해도 될까 말까 한 일을 아무것도 하지 않으면서 안 좋은 결과를 미리 걱정하는 것은 될 일도 안 되게 할 뿐이다.

책 쓰기의 시작을 가로막는 원인은 글쓰기도 아니고, 시간이 없어서도 아닐 수 있다. 누구나 다 인정할 만한 성공을 하지 않아서는 더욱 아니다. 도전을 가로막는 '마인드'다. 누구나 처음 하는 일은 두렵다. 두려움을 설렘으로 바꿔 보자. 새로운 일에 도전하는 마음으로. 그것을 실천한다면, 1년 뒤 다른 삶이 펼쳐질 것이다.

책 쓰기 수업
시크릿 노트 1

책을 쓰기 전에 알아야하는 '작가 마인드'

세계적인 축구선수 손흥민을 키워낸 손웅정 저자의 『모든 것은 기본에서 시작된다』의 책은 기본을 지키는 것이 얼마나 중요한지 알려준다. 여기서 그가 말하는 기본은 비단 축구뿐만 아니라, 모든 영역에서 적용되는 삶의 원칙이다.

슈팅을 연습하기 전에 체력을 단련시키는 것이 축구의 기본이라면, 책을 쓰는데 기본은 '작가로서의 마음가짐'을 갖는 것이다. 작가의 마음으로 살아간 다면 그런 모양을 닮은 삶을 살게 된다. 내 삶이 곧 글이 되고, 내 마음을 비치는 생각이 책이 된다. '글 쓰는 사람'으로서 그 어떤 글쓰기 기술보다 더 연마해야 하는 것은 마인드다. 어쩌면 그것이 전부라고 할 수 있다. 책을 쓰고자 마음 먹었다면 어떤 마음을 가져야 할까?

첫 번째는 이타심이다. 책을 쓰면서 가장 먼저 저자 스스로 독자가 된다. 원고를 쓸 때 내가 신나서 쓸 수 있다면 그런 마음이 전해져 글도 생동감 있다. 하지만 그런 글이 나만 만족하는 글이 된다면 자칫 이기적인 글이 될 수 있다.

내가 쓰는 책이 타인에게 긍정적인 영향을 미치고, 도움을 주겠다는 이타심이 있어야 타인에게 도움 되는 글을 쓸 수 있다.

책을 쓴다는 것은 '나눔'과 '봉사'의 행위다. 내가 알게 된 삶의 지혜나 지식을 타인에게 나누어 주고 싶다는 생각이 우선 되어야 한다. 살면서 우리는 알게 모르게 많은 이들의 도움을 받는다. 혼자만 잘 산다고 돌아갈 수 없는 것이 세상이다. 알고 보면 부모, 학교, 세상으로부터 많은 것을 보고 배우며 살았다. 내가 지금 깨닫게 된 것들도 그들이 준 가르침 때문이었다. 그렇게 배우고 알게 된 것을, 책을 통해 나누어 주겠다는 마인드가 있다면 타인에게 이로운 글을 쓸 수 있다.

두 번째는 부자 마인드다. 책을 쓰는 일과 부자와 무슨 관계가 있냐고 의문을 가질지 모르겠다. 부자 마인드와 가난한 마인드를 비교해 보면 왜 책을 쓰는데, 부자 마인드가 필요한지 알 수 있다.

부자 마인드	가난한 마인드
새로운 것을 배우는 걸 좋아한다	배우는 것을 아낀다
편견 없이 받아들인다	편견이 많다
배운 것을 자신의 삶에 적용한다	새로운 세계에 의심이 많다
생각 → 발산 → 조준	생각 → 생각 → 또 생각

〔출처:백만장자 시크릿/하브 에커〕

부자는 항상 배운다. 새로운 것을 받아들여 또 다른 아이디어를 낸다. 배운 것을 자신의 삶에 적용해 본다. 생각에만 그치지 않고, 행동하며 성과를 낸다. 반대로 마인드가 가난한 사람은 배움에 인색하다. 편견이 많아 자신의 편견을 뛰어넘지 못한다. 시야가 좁기 때문에 새로운 세계에 의심도 많다. 행동은 하지 않으면서 생각만 하다 끝난다.

책을 쓰기 위해서는 부자처럼 생각해야 한다. 내가 배우지 않고는 새로운 지식을 습득할 수 없고, 책에 콘텐츠를 담을 수도 없다. 편견이 많다면 편협한 시각으로 상황을 바라보기 때문에 넓은 관점을 제시할 수 없다. 탐구하고자 하는 마음이 있어야 지식과 정보를 수집할 수 있다.

성공하거나 부자가 된 사람이 책을 쓰는 것이 아니라, 그런 분들이 이런 부자 마인드를 갖췄기 때문에 책을 쓴다고 보는 것이 더 맞는 표현이다. 다시 말해, 부자처럼 무엇보다 '책을 통해 나의 지혜를 세상에 나눠야지.' 생각하고 실천할 수 있다면 책은 누구나 쓸 수 있다.

세 번째는 어린아이 같은 '호기심'을 갖는 일이다. 60년째 소설과 시를 쓰며 활동하고 계신 한승원 소설가는 『나 혼자만의 시 쓰기 비법』에서 시를 쓰는 비법이 "어린아이처럼 우주의 여러 현상과 그 내면의 뜻을 발견하고 놀라워해야 시인의 마음이 갖춰지는 것."이라고 말했다. 비록 분야가 다르긴 하지만, 그의 말에 동감한다. 비문학 책도 이런 어린아이 같은 호기심이 있어야 한다. 똑같이 흘러가는 일상이지만, 마치 어린아이가 세상을 발견하듯 바라봐야 한다. 그래야 그 속에 담긴 보이지 않는 본질을 볼 수 있다. 본질을 바라보는 눈과 사색이 합쳐진다면 나의 관점을 담은 글을 쓸 수 있다. 책을 쓴다는 것은 세상을 바라보는 안경을 자주 바꿔가며 같은 것도 다르게 보는 호기심이 바탕이 되어야 한다.

네 번째는 사명감이다. 책을 쓴다는 것은 자발적인 의지다. 아무도 시키지 않는 일을, 시간을 내어서 한다는 것은 내적동기가 없다면 지속하기 어려운 일이다. 세상에 존재하는 많은 일 중에서 책을 쓰려면 생각보다 많은 유혹을 뿌리쳐야 한다. 일단 주변의 부정적인 시선, 나태함, 당장 출간될지 안 될지도 모르는 불안한 미래까지 다 이겨내야 한다. 나만의 소명의식이 없다면 마무리도 힘들고, 또 계속 글을 써야하는 동력을 잃어버릴 것이다. 책을 쓰게 된 계기가 생계이거나, 자신의 꿈을 이루는 자아실현일 수 있다. 어떤 이유라도 결국에는 '소명 의식'을 갖고 있는 사람만이 지속적으로 콘텐츠를 만들어 낼 수 있다. 왜냐하면 지식 콘텐츠가 나에게 기회나 부 같은 보상으로 돌아오는 데 시간이 걸리기 때문이다.

내가 책을 쓰게 이유를 가만히 생각해 보니, 어떤 사명감이 있었다. 첫 책을 쓰면서 '사람에겐 누구나 자신만의 가치가 있어. 내가 그걸 증명하고 알려주는 사람이 되고 싶어.' 이런 생각을 했다. 아무도 내 소명에 관심이 없었고, 나 하나 그런 일을 하지 않는다고 해서 세상이 달라지는 것도 아니었다. 그러나, 그런 소명 의식이 있었기에 어려운 환경을 참고 이겨내며 앞으로 나아가는 원동력이 되었다.

소명 의식이 아주 거창한 것이 아니라도 괜찮다. '내가 발견한 독서법을 책으로 써서 많은 사람들에게 다양한 독서법을 알려야지.', '지금 마음이 아픈 사람들에게 내 책을 통해 치유를 도와주는 사람이 돼야지.' 이런 사명감이 책을 쓰는 내적동기를 만들어 준다. 개인적 욕망을 넘어 나의 사명감을 더해 보자. 책을 통해 그런 사람이 될 수 있다.

책을 쓰고 싶다면 '작가의 마음'을 담아내야 한다. 그 마음이 대단한 것이 아니어도 된다. 나를 바로 세우며 살겠다는 다짐, 내 삶을 글을 통해 표현하겠다는 생각. 그 정도면 충분하다.

내 삶에 가치를 부여할 수 있는 일 적어보기

내 인생을 돌아보면서, 책을 펴 낼만한 가치가 있다고 생각하는 사건을 10가지만
적어 보세요.

	기억에 남는 사건	어떤 가치가 있는가?
1		
2		
3		
4		
5		
6		
7		
8		
9		
10		

LESSON
2

＝

어떤
주제를
쓰면 좋을까?

＝

나의 정체성에서 책의 주제를 찾아라

책을 쓰겠다고 마음먹었지만, 막상 앞으로 나아가기는 어렵다. 어떤 것을 써야 할지 막막하다. '나는 어떤 주제로 쓸까?' 고민했더라도 그 주제가 실제 시장에서 판매할 수 있는 것인지는 감을 잡는 건 쉬운 일이 아니다.

서점에 가 보면 다양한 종류의 책이 넘쳐난다. 간혹 '나도 저런 책을 쓰려고 했는데, 이미 있네.'라는 생각도 든다. 내가 고민하고 망설이는 동안 누군가는 이미 책을 내고 또 다른 기회를 맞이하고 있다. 정신이 번쩍 들어 다시 책을 쓰려고 굳게 다짐하지만, 또다시 첫 단추 꿰매기가 쉽지 않다.

'콘텐츠의 홍수' 시대라고 불릴 만큼, 다양한 플랫폼을 통해 콘텐츠가 쏟아지고 있다. 먹방부터 책 소개 큐레이션 콘텐츠, 브이로그까지 주제 또한 다양하다. 책의 주제를 정하는 것도 이와 유사하게 생각하면 된다. 우리가 살면서 꼭 알았으면 하는 정보인 재테크, 인간관계, 소통 기술, 따뜻한 위로를 줄 에세이까지. 내가 책으로 쓸 수 있는 주제는 많다. 다만, 자기만족을 떠나 다른 사람들도 읽을 수 있는 책의 주제를 쓰는 것이 어려울 뿐이다.

'나는 어떤 책을 쓸 수 있을까?' 생각하기에 앞서, 책을 쓰기로 했다면, 우선 나의 정체성에 대해 고민해 보자. 책은 내 생각과 경험, 지식의 총합으로 '나는 누구인가?'라는 질문에서 시작한다면 책의 주제를 잡는 데 도움 된다.

다음은 책의 주제를 잡기 위해 나에게 던져야 할 질문 리스트다.

1. 나는 어떤 일을 하는 사람인가?
2. 내가 일하는 분야에서 어떤 성과를 냈는가?
3. 일하는 분야 외 성과를 냈던 일이 있는가?
4. 나는 어떤 성향의 사람인가?
5. 내가 특별하게 좋아하는 일은 무엇인가?
6. 나의 취미와 특기는 어떤 것이 있는가?
7. 3년 이상 꾸준하게 지속해 왔던 활동이 있는가?
8. 그 누구보다 전문성 있다고 판단되는 일이 있는가?
9. 무엇을 할 때 가장 행복함을 느끼는가?
10. 나는 왜 책을 쓰고 싶은가?
11. 어릴 적 잘했다고 칭찬받았던 일이 있는가?
12. 자격증을 취득했거나, 쉽게 습득했던 일이 있는가?
13. 현재 나에게 가장 중요한 가치는 무엇인가?
14. 내적 소명이 있는가? 무엇인가?
15. 미래에 하고 싶은 일이 있는가?

위와 같은 질문을 통해 '나'를 면밀히 관찰하고 사색하는 시간을 가져보자. 나는 어떤 정체성을 지녔고, 어떤 성향인지, 책을 쓰고 싶은 이유에 생각하고 기록해 보는 거다. 이러한 질문을 통해 나의 정체성에 대해 생각해 보았는가? 책을 쓰고 싶은 내적 동기를 발견했는가? 그 후에는 그런 정체성이 책의 주제와 어떻게 연결될 수 있을지 알아보자.

사례 1.	사례 2.
40대 후반 여성인 '나'	40대 초반 남자인 '나'
직업: 연구원 20년차	직업: 공무원 15년차
아들 둘을 키우는 워킹맘	딸 둘을 키우는 아빠
다이어리 기록 10년 차	최면 전문가 과정 수료
주말여행 5년 차	연 50~100권 읽는 다독가
특기는 집안 정리 정돈하기	특기 없음

위의 두 사례는 실제로 내게 책 쓰기 상담을 받았던 분들이다. 언뜻 보면 두 사례는 우리 주변에서 볼 수 있는 평범한 분들이다. 그러나 관점을 달리하여, 그들이 가진 경험이나 지식의 의미를 부여해서 다시 보면 책을 쓸 수 있는 소재가 보인다.

예를 들어, 위의 사례 1) 에서 보는 40대 후반 여성의 정체성으로 보면, 40대를 위한 위로 에세이, 워킹맘의 육아 비법을 담은 육아서, 다이어리 기록자로서의 자기계발서, 워킹맘의 정리 정돈 방법을 쓴 실용서 등을 쓸 수 있다.

사례 2) 에서 보는 40대 초반 남자는 공공기관에서 15년간 일했던 경험을 살려, 공무원 직장생활 팁을 담은 실용서, 아빠가 쓰는 육아 에세이, 직장인의 독서 생활과 비법을 강조한 자기계발서로 탄생할 수 있다. 이렇게 한 사람에게서 나올 수 있는 주제는 다양하다.

책의 주제를 정하는 일은 건축에 비유하자면 어떤 집을 지을까? 를 고민하는 단계다. 집을 지을 때, 최대한 많은 집을 찾아보고, 나는 어떤 집을 지을 수 있을까 상상한다. 이처럼 여러 방면을 고려하여 생각해 봐야 한다. 한 사람이 가진 콘텐츠가 하나만 있지 않다. 적어도 40~50년 정도 살아왔다면 내 안에 쌓아 온 콘텐츠가 3~4개 정도는 충분히 있다. 그 이야기 중에서 내가 가장 자신 있게 쓸 수 있는 소재를 찾아 주제로 잡아 보자. 내가 쓸 수 있는 이야기에 그 시대가 원하는 니즈가 있다면 금상첨화다. 첫 책을 쓰는데 그리 어렵지 않게 접근할 수 있을 것이다. 친구에게 밤새워서 할 수 있는 이야기. 사람들이 나에게 물어보는 것. 그것이 바로 당신 책의 주제가 된다.

나는 어떤 주제로 책을 쓸 수 있을까?

'구슬 서 말도 꿰어야 보배다.'라는 속담이 있다. 좋은 것도 가치 있게 사용하지 않으면 소용없다는 뜻이다. 아무리 훌륭한 업적을 남긴 사람이라 할지라도, 그것을 이루기 위해 노력하며 알게 된 지혜를 다른 이에게 나눠줄 수 없다면 어떨까? 그 이상의 의미를 찾기 어렵다. 반대로 평범한 일상에서 발견한 지혜라도 책으로 펴내면 어떨까? 누군가에는 값진 조언이 되어, 그 이상의 가치를 만들어 낼 수 있다.

어떤 방법을 통해 내가 성장한 비법을 책으로 남겨 다른 이에게 도움을 줄 수 있다면, 그 경험은 타인에게 가치 있는 것이 된다. 이처럼 책은 누군가의 인생에 도움이 되거나 영향을 미친다.

나 역시 그런 경험이 있다. 내가 쓴 책 중 하나인『완벽한 퇴사』를 읽은 독자 한 분이 상담을 요청한 적이 있었다.『완벽한 퇴사』는 제목에서 주는 메시지처럼 현역에 있을 때, 자신만의 콘텐츠를 준비하여 퇴사하는 방법을 알려주는 책이다. A 씨는 평소 퇴사하고 싶었으나, 도저히 어떻게 해야 할지 몰라 고민하던 차에 그 책을 읽고 용기를 냈다. 나에게 메시지를 보냈고, 내가 진행하는 수업에도 참여했다. 그녀는 책의 내용처럼 자신만의 콘텐츠를 세상에 알려 독립하고 싶다는 의지를 밝혔다.

그 후에 내가 운영하는 책 쓰기 프로그램을 수료 후, 책을 냈다. 출간 후 지금은 1인 기업으로 독립했다. 책 한 권이 그녀의 삶에 영향을 미친 경우다. 퇴사 후, 원하는 대로 독립에 성공했으니 책의 영향력은 이토록 크다.

지금은 독립한 그녀도 처음에는 '자신이 특별한 것이 없는 평범한 직장인'이라며 책을 쓸 수 있을지, 오래 고민하는 시간을 가졌다. 그러나 내가 쓴 책을 통해 용기를 얻고, 책 쓰기에 도전했다. 준비기간 1년을 거쳐 책의 제목처럼 '완벽한 퇴사'를 할 수 있었다.

그녀가 처음에 책 쓰기에 두려움을 느꼈던 것은 많은 이들이 갖는 생각과 비슷하다. '내가 과연 책을 쓸 만한 사람인가?'에 대한 자격에 대한 걱정과 '쓸 만한 주제'가 없다고 생각하기 때문이다. 그녀는 나와 상담하며 편견을 깼고, 도전했다.

누구나 책 한 권을 쓸 만한 경험은 있다. 단지 발견하지 못 했을 뿐이다. 그렇다면 어떤 주제의 책을 쓰면 좋을까? 앞서 나의 정체성과 책의 될 만한 주제에 대해 고민했다면, 이번 장에서는 직종에 따라 주제 찾는 방법을 알아보겠다. 사실, 책의 주제를 찾는 법은 한 사람의 삶을 고스란히 담는 것이므로 여러 방면이 고려된다. 그 중, 하나가 하는 일에서 찾아보는 것이다.

1. 직장인

내가 만약 직장인이라면, 자신이 하는 일에서 책이 될 만한 주제를 찾아 보자. 한 분야에 5년 이상 경력을 쌓아 왔다면 충분히 할 말이 있다. 10년, 20년 차는 어떤가? 이미 그 분야에 전문가가 되어 있을 것이다. 내가 발 담고 있는 분야에서 책이 될 만한 주제를 찾아보자. 대기업 디자이너로 일하고 있다면, 디자이너가 하는 일을 담은 직업을 소개하는 책이 좋을 것이다. 항공사 승무원 으로 일하고 있다면 항공사 승무원이 되는 방법을 담은 책의 주제가 가장 접근 하기 쉽다.

만약 내가 일하는 분야가 특징적인 것이 없다고 생각하는가? 함창원 저 자의『사회복지 공무원이라서 행복합니다』라는 책은 사회복지 공무원의 성장 기를 담은 책이다. 매일 반복적인 일을 하는 공무원도 자기 일과 연관된 성장 기를 담아 책으로 펴냈다. 내가 지도했던 분 중『당신의 직장 생활은 안녕하십 니까』를 펴낸 이용화 저자도 책을 쓸 당시에는 한 스타트업 회사에서 팀장으로 일하고 있었다. 이 두 명의 특징은 직장인이었지만, 자신이 하는 일과 관련된 내용을 책으로 썼다는 점이다.

만약 내가 하는 일의 큰 전문성이 없다면 업무 외의 다른 분야에서 성과 를 내 봤던 일을 떠 올려보자. 직장인이 회사 밖에서 도전했던 일이 있다면 같 은 직장인이 공감하는 책을 쓸 수 있다. 예를 들어,『월급쟁이 부자로 은퇴하 라』의 너나위 저자는 대기업을 다니며 부동산 투자를 했다. 제목 그대로 월급 쟁이가 할 수 있는 재테크 이야기를 풀어가면서 직장인들의 공감을 샀다.

2. 강사

　강사라는 직업군 자체가 책을 쓰는 데 유리하다. 전문적인 분야를 배우고, 익혀 타인에게 나누는 직업이기에 책을 쓰는 속성과 닮았다. 강사는 특정 분야를 연구하면서, 그 분야에 노하우를 가지고 있는 경우가 많다. 자신의 강의 분야가 있다면 그 자체를 책의 주제로 삼는 것이 유리하다. 강의안을 만들면서 수집해 놓은 자료가 많기 때문에 책을 쓰면서 자신의 전문 강의 분야를 정리해 보는 시간이 될 수 있다.

　『인생을 바꾸는 퍼스널 컬러이야기』의 팽정은 저자는 퍼스널컬러리스트로 일하는 강사이다. '퍼스널컬러'라는 분야에 강의와 컨설팅을 하며 쌓아 올렸던 자신의 강의 분야로 주제를 잡아 책을 펴냈다.『수학 공부 몰입법』의 박미숙 저자는 사고력 수학 강사이다. 20년간 현장에서 아이들을 지도하며 알게 된 수학 공부 방법인 자신의 강의 분야로 책을 썼다. 이처럼 강사라면 자신의 강의 분야가 책의 주제가 된다.

3. 전문직

　전문직에 종사하는 분이라면 '자신의 전문 분야'를 책의 주제로 잡으면 된다. 단, 여기서 주의할 점은 학술적인 접근보다 대중적으로 접근해야 한다는 점이다. 왜냐하면 책을 읽는 독자는 해당 분야에 전문적 지식이 없는 일반 사람들이다. 따라서 전문직이라면 전문 분야에 대중성을 어필하는 것이 좋다.

　『나는 당신이 작은 얼굴을 가졌으면 좋겠습니다』의 이하영 저자는 강남에서 성형외과 개인 병원을 운영하는 원장이다. 그가 처음 쓴 책은 성형외과라는 전문성을 살려주는 주제였다. 그 이후에는 『바이브』, 『나는 나의 스무 살을 가장 존중한다』라는 자기계발서를 펴 내면서 의사 작가라는 타이틀을 얻었다. 그는 첫 주제로 자신의 전문성을 입증한 후, 차츰 자기계발서 분야로 확장한 경우다.

4. 사업가

사업가 역시 책을 쓰면 좋다. 사업가가 책을 쓸 수 있는 주제는 보통 사업을 일구어 온 스토리로 자기계발서를 펴내는 것이다. 혹은 장사 비법이나 인간관계, 마케팅과 영업 관련 주제도 잘 맞는다. 이미 대중에게 잘 알려진 『김밥 파는 CEO』, 『사장학 개론』의 김승호 회장은 미국에서 요식업으로 성공한 사업가다. 책 출간 후, 사업이 홍보되면서 매출이 오르고 회사가 더 알려지는 효과를 누렸다. 이처럼 사업가에게 책은 본인의 삶을 정리할 수 있고, 사업을 홍보하는 효과를 줄 수 있다.

5. 주부

아이를 키우고 살림을 도맡아 하는 전업주부도 책을 낼 수 있다. 오히려 그런 경험이 강점이 된다. 만약 살림을 잘하는 주부라면 요리 관련 주제, 정리정돈 관련 주제로 자신의 노하우를 담아 보자. 초보 주부들에게는 알토란같은 정보가 된다. 재테크를 잘하는 주부라면 어떨까? 재테크 성공기를 담은 책을 쓸 수 있다. 엄마이고, 주부라서 할 수 있는 재테크 비법을 알려줄 수 있다.

육아에 자신이 있는가? 자신만의 독특한 비법이 있다면 이 또한 책의 주제가 된다. 선배 엄마가 해 주는 육아 비법은 초보 엄마들에게는 단비 같다. 나만의 육아 비법을 책의 주제로 잡아 보자. 나의 육아 경험을 정리할 수 있을 뿐만 아니라, 전문성까지 갖출 수 있다.

또한, 엄마가 되어 성장한 이야기도 좋은 콘텐츠다. 엄마라면 누구나 성장의 욕구를 느낀다. 먼저 자기 계발을 해 왔다면, '엄마를 위한 자기계발서'를 써 보자. 엄마 독자들에게 큰 동기부여를 줄 수 있다.

6. 특출한 이력이 없는 경우

아무리 생각해 봐도, 특출한 이력이 없는 경우가 있다. 그런 경우는 내 삶의 스토리에서 대중들에게 공감을 살 수 있는 주제가 좋다. 예를 들어, 내가 코칭했던『눈치 보는 것이 뭐가 어때서?』의 임세화 저자는 책을 쓸 당시 특출한 이력이 없다며 걱정했다. 그러나 그녀가 살아온 스토리를 듣고 '눈치'라는 주제로 책을 쓸 수 있게 도왔다. 그 후, 여덟 군데 출판사의 러브콜을 받고 출판 계약이 되었다. 만약 그녀가 '내 경력으로 책을 쓸 수 있겠어?'라는 부정적인 생각을 하면 어땠을까? 출간 작가의 꿈을 이루지 못했을 것이다.

우리에게 이미 잘 알려진『꿈꾸는 다락방』의 이지성 저자도 이 책을 쓸 당시, 평범한 초등학교 교사였다. 그러나 그는 꿈을 이루는 방법에 대한 책을 많이 읽고 연구했다. 그 후,『꿈꾸는 다락방』을 써서 스타작가가 되었다.

책을 쓸 수 있는 주제는 무궁무진하다. 서점에만 가 봐도 이렇게 다양한 책이 나올 수 있다는 것에 놀라지 않는가? 콘텐츠의 세계는 다양한 아이디어로 오늘까지도 계속 창작되고 있다. 나는 어떤 책을 쓸 수 있을까? 충분히 고민했다면, 이제는 하나의 주제를 잡고 써 보자.

경쟁 도서에서 스승을 찾아라

처음 가는 길을 나설 때, 내비게이션의 도움을 받는다. 난생처음 가는 곳이라도 내비게이션만 있다면 목적지에 도달할 수 있다. 가보지 않은 곳이라도 동행해 주는 든든한 벗이 있다면 길을 찾는 것이 두렵지 않다. 처음 가는 곳의 지역 주민이 나타나 친절하게 나에게 더 빠른 길을 알려준다면 어떨까? 그 지역을 잘 아는 사람이 여러 시행착오를 거쳐 알게 된 지름길이기에 신뢰가 간다.

책 쓰기도 마찬가지다. '출간'이라는 목적지까지 완주하기 위해 거쳐야 하는 단계마다 나를 안내해 주는 스승이 있다면 어떨까? 걱정되지 않는다. 이미 가 본 길에서 피해야 할 것과 득이 되는 방법을 알려주기 때문이다. 어떤 주제로 책을 쓸지 결정했다면, 목적지인 출간까지 가기 위해 스승을 찾아 나서야 한다. 다행히 스승은 서점이나 도서관에 널려 있다. 내가 마음만 먹고 알아보려고 하면 세상에 이렇게 많은 종류의 책이 있는지 놀랄 것이다. 하지만 그 많은 책 중에 어떤 것을 골라 스승으로 삼을지 막막하다.

내 책 쓰기의 스승은 철저히 내가 쓰고자 하는 주제와 유사해야 한다. 이를 '경쟁도서'라 하는데, 찾는 만큼 보인다. 나는 책 쓰기 프로그램을 진행하면서, 경쟁 도서를 찾는 과정을 꼭 시킨다. 사람마다 찾아오는 양이 다르다. 어떤 분은 10권을 겨우 찾았다고 하고, 어떤 분은 40~50권을 찾아오는 분도 있다. 경쟁도서는 읽고 분석한 만큼 나에게 도움이 된다. 보통 20~30권 내외면 적당하다. 시중에 나와 있는 책을 무턱대고 다 찾아볼 수도 없고, 경쟁도서는 어떻게 찾아야 할까? 내 책을 쓰는 데 도움을 줄 스승 같은 경쟁 도서를 찾을 때는 다음과 같은 사항을 고려한다.

1. 내가 쓰고자 하는 장르 중에서 고른다.

어떤 주제로 책을 써야겠다고 결정했다면, 고려해야 할 사항은 장르다. 자기계발서인지, 실용서인지, 에세이인지를 결정해야 한다. 경쟁도서는 내가 쓰고자 하는 장르와 같은 것을 골라야 감을 잡기에 좋다.

2. 타깃 독자를 고려한다.

경쟁도서는 내가 쓰고 싶은 책의 주제와 유사한 도서 중, 내 책을 읽을 예비 독자를 고려하여 그들을 타깃으로 한 책을 골라야 한다. 똑같은 자기계발서이지만, 독자층에 따라 청소년을 위한 책, 2030을 위한 책, 마흔을 위한 책은 따로 있다. 아래는 연령과 장르를 고려하여 선정한 경쟁도서 목록의 예시다.

〈10대를 위한 공부법〉

『공부가 설렘이 되는 순간』

『이토록 공부가 재미있어지는 순간』

『구슬쥬네 공부의 숲』

『처음으로 공부가 재미있어 지기 시작했다』

『중학생 공부법의 모든 것』

『서울대생의 비밀 과외』

〈2030을 위한 에세이〉

『좋은 일이 오려고 그러나 보다』

『제철 행복』

『당신은 결국 무엇이든 해내는 사람』

『그냥 지나치지 않는 마음입니다』

『지금 꼭 안아줄 것』

『잘했고, 잘하고 있고, 잘될 것이다』

『결국 해내면 그만이다』

〈마흔을 위한 자기계발서〉

『김미경의 마흔 수업』

『마녀 체력』

『내가 누군지도 모른 채 마흔이 되었다』

『마흔 다시 만날 것처럼 헤어져라』

『마흔에 버렸더라면 더 좋았을 것들』

『굶주린 마흔의 생존 독서』

위와 같이 경쟁도서는 책을 읽을 예비 독자의 연령층과 장르를 고려하여 선정한다. 경쟁 도서를 선정한 다음, 책을 집필하기 전부터 '나는 이 책과 무엇이 다르게 쓸 것인가?'를 고민하며 읽어야 한다. 즉, 이미 시중에 나와 있는 책을 분석하면서 스승 책을 뛰어넘을 책을 쓰겠다는 마음으로 꼼꼼하게 읽는 것이 중요하다.

모든 콘텐츠가 이렇게 '경쟁자 분석' 과정을 통해 이루어진다. 단 3개월 만에 인스타그램 10만 팔로우를 달성한 인스타그래머 H씨가 밝힌 비법도 그렇다. 그는 다름 아닌 "다른 사람들이 올린 게시물을 보고, 분석하며 더 다양한 아이디어를 얻고 콘텐츠를 만든다. 인스타그램의 스승은 인스타그램 안에 있다."고 말했다. 인스타그램의 콘텐츠는 만드는 사람이 가장 먼저 해야 할 일이 다른 사람이 올린 게시물을 보고 분석하면서, 자신이 나아가야 할 방향을 정했다는 점에 주목해야 한다.

책을 쓰는 일도 이와 유사하다. 이미 앞서간 사람이 쓴 책을 보면서 내가 가고자 하는 방향을 정하는 것이다. 그래야 집필할 때 흔들리지 않고 쓸 수 있다. '어떤 책을 쓸까?'라는 고민이 끝났다면 적극적으로 나의 스승을 찾아 나서자. 아무 생각 없이 책을 읽는 것이 아니라, 전략적 독서를 하는 것이다. 그것이 바로 '경쟁도서 분석'이다.

책 쓰기가 막막할수록, 길이 보이지 않을수록 경쟁 도서를 더 많이 찾아보고 공부해야 한다. 사람은 아는 만큼 보게 된다. 방황하며, 내가 가야 할 길이 잘 보이지 않는다는 것은 스승에게 충분한 가르침을 다 받지 못했기 때문이다.

경쟁도서는 내 책의 스승이자, 다양한 관점에서 볼 수 있게 도와주는 조력자다. 독자의 관점에서 읽는 것이 아니라 저자의 관점에서 '이 책의 지은이는 왜 이런 내용을 썼을까?'를 끊임없이 고민하며 읽어 보자.

많이 고민할수록, 더 깊게 읽을수록, 묻고 답하면서 읽을수록 경쟁 도서의 장단점이 눈에 들어온다. 그러니, 헤매고 방황할 시간에 먼저 경쟁도서를 찾아 철저히 내 것으로 만들자. 그래야 '출간'이라는 목적지에 도달할 수 있다.

콘셉트 + 아이디어 = 제목이라는 공식

잘 되는 카페에는 '시그니처' 메뉴가 있다. 알고 보면 똑같은 커피지만, 메뉴명을 바꾸고 커피의 색채를 달리하면 왠지 더 근사한 커피처럼 느껴진다. 장문정 저자의 『한마디면 충분하다』에서도 상품의 콘셉트를 잘 담은 네이밍이 판매에 영향을 미친다고 말한다. 책은 독자의 선택을 받아야 한다. 참신한 제목은 심사숙고해야 한다. 출판사에서도 가장 많은 시간을 들이는 것 역시 책제목이다.

제목을 지을 때는 독자의 관점이 되어 그들의 시선이 머물 수 있는 제목이 무엇인가를 파악해야 한다. 서점에 갔을 때를 상상해 보자. 그 수많은 책 중에 어떤 책에 손이 가는가? 독자의 시선을 따라가 보면 알 수 있다.

표지 → 제목 → 저자 소개 → 목차 → 프롤로그 → 본문 훑어보기

대부분은 이런 순서로 책을 살펴본다. 표지와 제목을 보고 거의 2~3초 만에 더 볼 책인지를 판단한다. 이때 독자의 마음을 사로잡지 못했다면 바로 다

른 책을 보는 것이 독자다. 만약 내 책이 눈길조차 못 받는 책이라면 어떻겠는가? 오랜 기간 인내하며 집필했던 시간이 아깝다. 신간이 나오고 오프라인 서점에 출시 된 후 보통 1~2주 신간코너에 소개된다. 이 기간이 가장 중요한 때로 팔리지 않는다고 판단하면 다른 신간으로 대체된다. 한두 권만 남기고 나머지 책은 출판사로 보내지는 게 가슴 아프지만 현실이다.

특히 요즘에는 온라인 서점에서 책을 사는 사람들이 많아져서 책 제목이 더욱 중요해졌다. 화면으로 책의 이미지만 보고 클릭하는 독자의 시선을 잡기 위해 제목을 고심하며 정해야 한다.

책 제목의 승리라고 할 수 있는 대표적인 책이 백세희 저자의 『죽고 싶지만, 떡볶이가 먹고 싶어』다. 죽음이라는 강렬한 단어에 죽음과는 어울리지 않는 떡볶이의 조합이 독자의 관심을 끌었던 책이다. 또 다른 예로 박웅현 저자의 『책은 도끼다』가 있다. 책과 전혀 어울릴 것 같지 않은 '도끼'라는 단어를 조합하여 독자들의 궁금증을 자아냈다. 이런 제목처럼 쉬운 단어이지만, 호기심을 불러일으키면 좋은 제목이라고 할 수 있다. 독자의 관심을 끌 수 있는 내 책의 제목을 어떻게 지을까?

1. 기존 책의 제목을 많이 보자.

책을 쓰기로 결정했다면 시중에 나와 있는 책을 유심히 봐야 한다. 내가 쓰고 싶은 책 주제 책이나, 독자들에게 반응이 좋았던 책 제목을 관심 있게 살펴보자. 특이 최근에 나온 책 제목을 보다 보면, 어떤 책 제목이 유행하는지 알 수 있다. 인풋을 많이 해야 아웃풋을 할 수 있듯이, 책 제목도 많이 봐야 내 책의 제목 아이디어를 떠올릴 수 있다.

2. 광고 카피를 관심 있게 관찰한다.

　책의 제목을 짓는다는 것은 내 책이 독자의 선택을 받을 수 있도록 '카피 라이팅'한다는 의미다. 그렇다면 전문 카피라이터의 손길이 닿은 광고 카피를 보고 연구할 필요가 있다. TV나 신문지면 광고, 인터넷 신문 광고 등 다양한 곳에서 광고를 접할 수 있다. 광고의 홍보 속에서 유난히 눈길을 잡는 광고가 있는가? 그들은 어떤 카피를 쓰며 사람들의 관심을 끌었는지를 잘 살펴보자. 커피 광고에서는 독자의 감성을 자극할 카피를 발견할 수 있다. 반대로 보험 광고에서는 독자에게 정보를 전달할 수 있는 꽂히는 문구를 찾아낼 수 있을 것이다.

3. 다양한 어휘를 조합해 본다.

　책의 제목은 한 마디로 내 책을 정의하는 일이다. 다시 말해, 내 책의 콘셉트가 어떤 것인지를 독자가 판단하게 하는 것이다. 따라서 한눈에 파악해서 그책이 무엇을 말하고 싶은지를 알려줄 수 있어야 한다. 그러기 위해서 내 책의 콘셉트를 몇 개의 어휘로 정리해 줄 수 있어야 한다. 내가 말하고자 하는 책의 내용을 대표하는 언어를 찾아서 조합해 보자. 예를 들어, 내가 진행했던 공동 저서 책 제목 중 『한 달에 100만 원씩 더 버는 N잡러의 비밀』이라는 책이 있다. 이 책의 제목은 더도 말고 덜도 말고 한 달에 100만 원씩 더 버는 N잡러들의 사연을 담은 책이다. 책의 콘셉트에 맞게 '100만 원'과 'N잡러'라는 두 개의 어휘를 가지고 조합하여 만든 제목이다.

4. 책의 내용을 궁금하게 하는 단어를 생각해 본다.

책을 보다 보면, 한 단어의 사용으로 강력한 임팩트를 주는 제목이 있다. 이하영 저자의 『바이브』, 자청의 『역행자』, 황농문 박사의 『몰입』이 한 단어로 제목을 지어 시선을 끄는 제목이다. 단어 하나만 보고 대충 어떤 내용을 담았는지 유추할 수 있지만, 그 안에 어떤 내용을 담았는지 궁금하게 하는 제목이다. 이런 제목에 호기심을 느낀 독자는 '뭐지?'라고, 생각하며 책을 선택한다.

제목을 지은 후에도, 그 책의 콘셉트를 더욱 명확하게 알려줄 수 있는 부제도 생각해 봐야 한다. 만약 독자가 내 책에 관심이 있다면, 책 표지를 꼼꼼히 살펴볼 것이다. 책의 제목뿐만 아니라 잘 지어진 책의 부제도 판매에 영향을 미친다. 윤왕 저자의 『초월자』는 부제로 '한계 없는 나를 만나 정신적 자유를 얻는 길'이라는 부제가 있다. 부제가 초월자의 의미를 대변해 주고 있다. 김수현 저자의 『기분이 태도가 되지 말자』의 부제는 '감정 조절이 필요한 당신을 위한 책'이다. 이 책을 읽어야 하는 대상을 짚어 주는 부제로 감정 조절이 어려운 사람이 읽고 싶게 만든다.

최근에는 다양한 아이디어를 바탕으로 책 제목이 지어지고 있다. 시기에 따라 유행처럼 번지는 카피가 있고, 잘 팔리는 베스트셀러 제목과 유사한 책 제목도 있다. 그러나 대부분 책의 제목은 그 책의 콘셉트가 가장 명확하게 잘 드러난다.

다양한 방법으로 내 책 제목 짓는 연습을 해 보자. 만약 심사숙고 끝에 내가 만든 제목이 마음에 들지 않는다고 미리 실망하지는 말자. 출간 계약이 된 이후에는 출판사에서 여러 회의를 거쳐 근사한 책 제목이 탄생한다. 그런데도 '가 제목'이 필요한 이유는 원고를 집필하는 동안 콘셉트가 흔들리면 안 되기 때문이다.

잘 지은 제목 하나가 책의 방향성과 판매까지 연결이 된다. 그러니 충분한 시간을 들여 연습하고, 내 책의 제목을 정해보자. 제목 하나만 잘 지어도 이미 반은 성공이다.

독자의 고민을 읽으면 목차가 보인다

'책 쓰기의 80%는 기획과 목차에서 나온다.'는 말이 있다. 실제로 출판 관계자도 이런 말을 자주 한다. "수백 개씩 쏟아지는 투고 원고 중, 기획과 목차가 좋지 않은 원고는 검토조차 하지 않습니다." 그만큼 책 쓰기에서 가장 중요한 것은 기획과 목차이다. 앞서 내가 쓰고 싶은 주제를 정하는 법을 알아봤다면, 그다음 해야 할 일은 '목차 구성' 단계다.

목차는 책을 쓰는데 뼈대 역할을 한다. 집을 지을 때도 설계도가 필요한 것처럼, 책을 쓸 때 목차는 책의 방향성을 잡아준다. 처음 책을 쓰는 사람에게 목차를 구성하는 것은 말처럼 쉽지 않다. 기성작가들도 목차를 짜는 단계에서 가장 많이 고민하고, 심혈을 기울인다. 그 이유는 목차의 구성에 따라 책의 콘셉트가 달라지기 때문이다. 그뿐만 아니라, 초고를 집필하면서 글의 방향성까지 영향을 미친다. 이렇게 중요한 것이 목차다. 또한, 기획과 목차만 잘 구성할 수 있다면 책 쓰기는 훨씬 쉬워진다.

목차를 구성할 때 가장 먼저 고려해야 할 사항은 숲과 나무를 볼 수 있는 안목이다. 가장 먼저 숲을 봐야 한다. 즉, 내가 쓰고 싶은 책의 전체 그림을 그려보는 단계이다. 여기서 전체 그림이란 책의 시작과 중간 그리고 마지막까지 전반적인 진행 흐름을 머릿속으로 상상해 보는 것이다. 마치 한 편의 영화나 다큐멘터리를 만든다고 생각하면 이해하기가 쉽다.

내가 만약 영화감독이라면 어떤 영화를 구상하고 싶은가? 처음부터 눈물 쏙 빼는 장면을 연출 할 것인가? 극적인 장면은 중간에 넣을 것인가? 마지막은 해피엔딩인가? 열린 결말인가? 감독이라면 영화를 구상하기 전부터 이런 밑그림을 그릴 것이다. 영화는 보통 발단-전개-절정-마무리 구조로 구성된다. 결정적인 사건이 진행되기 전에, 영화의 도입부에 항상 그 사건이 일어날 수밖에 없었던 전제를 보여준다. 그러면서 점점 이야기를 극적으로 이끌어 가며 마지막에 결론을 짓는다.

책 쓰기 목차 구성 단계에서 숲을 보는 단계는 영화의 밑그림 그리기와 비슷하다. 책의 전반적인 구상을 먼저 머릿속으로 그려보면서, 도입부와 중간부 결말에 어떤 이야기로 구성할 것인지를 미리 생각해 본다.

예를 들어, 숱한 어려움을 극복하고 자신의 꿈을 이룬 자기계발서를 쓴다고 생각해 보자. 그렇다면 도입부에는 어려운 일이 일어나긴 전 이야기에 먼저 전개되어야 할 것이다. 그 이후에는 실패했던 이야기, 그다음에는 실패를 극복한 이야기가 이어지는 것이 이야기 구성에 잘 맞을 것이다. 마지막 결말은 어려움을 극복하여 꿈을 이룬 이야기로 마무리된다면 탄탄한 전체 구성의 윤곽을 잡을 수 있다. 그 후, 전체 구성과 어울리는 세밀한 내용을 정리해 가는 방식으로 목차를 만들면 비교적 쉽게 접근할 수 있다. 다음은 목차를 구성하는 단계별 방법이다.

1. 책 전체 구성

책 쓰기의 목차를 구성할 때도 내가 하고 싶은 이야기의 구성이 짜임새 있게 흘러가도록 흐름을 고려하여 구성하는 것이 좋다. 책의 전체 구성을 고려하여 차례를 만들어 매력적인 문구를 만들 내는 것이 목차 구성의 첫 단계이다.

예시)

제1장 전공필수 1 N잡러 개론: 왜 N잡러인가?

제2장 교양필수 1 현재사 개론: 세상 트렌드 읽기

제3장 전공필수 2 독서학 개론: 목표 의식적 책 읽기

제4장 교양필수 2 교양학 개론: 교양 쌓기

제5장 전공실기 1 온라인 작가 실기: 블로그, 포스트, 브런치글쓰기

(중략)

제12장 전공실기 8 책출판 실무: 실전 작가 되기

〔출처:N잡러 개론/우희경〕

위의 예시처럼 『N잡러개론』이라는 콘셉트에 맞게 목차의 구성은 N잡러가 되는 데 꼭 알아야 할 내용을 중심으로 목차를 구성했다. 도입부에는 N잡러를 해야 하는 이유와 현재의 트렌드를 다루었다. 중간부에는 N잡러가 되기 위

해 꼭 알아야 하는 내용을 전공필수와 교양필수라는 과목을 정하여 제시하고 있다. 그 후에는 N잡러가 실전에서 활용할 수 있도록 전공 실기라는 과목으로 방법론을 설명하는 것으로 책의 흐름을 잡았다. 이처럼 큰 목차는 책의 콘셉트를 가장 잘 살릴 수 있는 문구가 책의 전체 방향성을 잡아 준다.

2. 세부 목차 구성

목차의 숲을 보며 전체를 구성하는 단계가 끝났다면, 그다음은 나무를 보는 단계이다. 목차에서 나무를 보는 단계는 큰 목차의 내용에 부합하여 세부적인 내용을 담을 수 있게 구성한다. 이때 주의할 점은 독자의 입장에서 궁금할 것 같은 내용의 문구를 잘 선별해야 하는 것이다. 막상 세부 목차를 적으려고 하면 정리가 잘되지 않는다. 머릿속에 할 말은 많은데, 그것을 문구로 만들어 보는 연습을 해 보지 않았기 때문이다.

가장 쉽게 접근할 방법은 전체 목차를 구성한 후, 그 목차 각 제목에서 내가 하고 싶은 말을 다 적어 보는 것이다. 하고 싶은 말 80~100개의 목록을 만들어 본 후, 그중에서 중복되는 내용은 빼고, 핵심 콘텐츠를 담을 수 있는 목록만 약 40~50개만 남긴다. 이 단계에서 경쟁도서의 목차를 분석하며 내가 쓰고 싶은 글의 아이디어를 만들어 내면 도움이 된다.

3. 수정과 보완

세부적인 문구를 만들고, 목록의 숫자를 줄이는 작업을 했다면 그다음은 이 책을 볼 사람도 이해할 수 있는 어휘로 수정하며 끌리는 문구로 조정하는 단계이다. 목차 목록을 다시 살펴보자. 나 혼자만 알 수 있는 말인지, 그 내용을 잘 모르는 사람도 쉽게 이해할 수 있는지를 확인해야 한다. 책은 철저하게 나의 관점이 아닌, 독자의 관점이어야 한다. 그 때문에 목차에 쓰인 문구 역시 독자의 입장인지 파악하는 것이 중요하다. 보통 목차는 3~4번 정도의 수정과 보완을 거쳐 완성된다. 세부 목록이 완성되었다고 하더라도 계속 보면서 여러 번 수정 작업을 한다.

처음 책을 쓴다면 가장 어려운 단계가 목차 구성이다. 내 안에 있는 모든 것을 끌어내 보자. 내가 풀어낼 수 있는 경험과 지혜 그리고 지식 이 모든 것을 독자가 원하는 한마디로 정리하는 것이 목차이다. 독자가 무엇을 알고 싶은지, 어떤 것을 궁금해 하는지를 고민할수록 좋은 목차가 나온다. 잘 빚어진 도자기는 여러 번의 실패작을 만들어 낸 후에 만들어진다는 것을 기억하자. 오래 고민할수록 내 책을 빛내 줄 목차가 탄생할 것이다.

책 쓰기 수업
시크릿 노트 2

어떤 장르를 써야 할까요?

책은 쓰고 싶지만, 고민이 많다. 주제는 둘째 치고 어떤 장르가 나에게 맞을지 도저히 감이 잡히지 않는다. 책의 주제와 함께 고민해야 하는 것은 장르이다. 똑같은 주제라 할지라도 장르에 따라 접근 방식이 다르다. 주제와 함께 어떤 장르를 쓸지 생각해 보자.

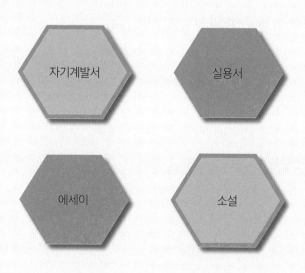

우선 책의 장르를 알아보자. 도서관에서 책을 분류하는 것처럼 세부적으로 나눌 필요는 없다. 우리가 쓰고자 하는 것은 대중서다. 대중들이 가장 많이 읽는 책의 장르로 나누어 보자면 문학(fiction)과 비문학(nonfiction) 정도로 나눌 수 있다. 여기서 문학인 소설은 스토리 구성 능력과 시놉시스 짜기, 등장인물 캐릭터 설정까지 많은 요소가 필요하다. 반면 자기계발서, 실용서, 에세이는 비문학으로 하나의 프로세스에 의해서 쓸 수 있다. 그 프로세스는 이 책에서 제시하고 있는 내용을 잘 따라 하면 된다.

위의 장르 중, 나에게 맞는 것을 선택하면 된다. 장르를 선택하는 기준은 사람마다 다르다. 그 사람의 경험치와 독서 습관, 전문성에 따라 장르가 달라진다. 장르를 선정하는 기준도 다양한 측면에서 고려해야 한다. 그렇다면, 나에게 맞는 장르는 어떻게 판단할 수 있을까?

1. 평소에 많이 읽는 책은 어떤 장르인가?

평소에 내가 많이 있는 책의 장르는 무엇인가? 보통 관심 분야의 장르는 많이 읽게 된다. 많이 읽다 보면 글의 흐름과 느낌을 습득할 수 있다. 그런 장르로 책을 쓰면 글의 스타일이나, 분위기 잡기에 빠르다.

2. 나의 성향은 어떤가?

자기계발을 꾸준하게 해 온 사람은 성향 자체가 자기계발서에 잘 맞는 사람이다. 오랜 기간 자기계발을 해왔다면 자기의 삶 속에서 글감을 찾기에 수월하여, 자기계발 장르와 잘 맞는다. 반면, 평소에 타인과의 공감 능력이 뛰어나

76
일생에 한 번은 당신만의 책을 써라

고, 생각이 많은 편이라면 에세이 성향의 글을 풀어가기에 수월하다. 논리적인 성향이거나 사실과 과학적 근거를 따지기 좋아하는 사람인가? 실용서 성향이 짙을 확률이 높다. 이렇게 성향에 따라서 책의 장르가 달라질 수 있으니, 내가 어떤 성향의 사람인지 잘 관찰하자.

3. 나의 전문성은 어느 정도인가?

나의 성향이 논리적이고 사실적인 사람이라 할지라도, 전문성이 없으면 실용서 쓰는 것에 어려움을 느낀다. 실용서는 대부분 한 분야의 '전문적 지식'을 기반으로 쓰인다. 따라서 내가 한 권의 책을 쓸 만한 전문성이 어떤 것이 있을지 고민해 보자. 여기서 전문성이라고 해서 꼭 의학, 법률과 같이 전문 자격증이 있어야 하는 것은 아니다.

예를 들어, 10년간 다이어트를 하면서 쌓아온 운동과 식단 관리의 지식이 많고, 다이어트를 성공 경험이 있다면 이 또한 전문성이 될 수 있다. 부동산학과 교수가 아니더라도, 재테크에 대해 많이 연구하고, 실전에서 성공했던 경험치가 충분하다면 이것 역시 전문성이 될 수 있다. 반대로 한 분야의 성공적인 경험은 있지만, 실용서 한 권을 쓸 만한 전문성이 부족하다고 느껴진다면 자기계발서로 시작하는 편이 낫다.

또한, 전문성이 있다고 해서 에세이를 못 쓰는 것은 아니다. 한양대학교 교육공학과 교수이자, 다수의 책을 펴낸 유영만 저자도 『이런 사람 만나지 마세요』라는 인간관계 에세이를 펴냈다. 전문성과는 별도로 인간관계에 대한 생각을 담담하게 풀어낸 것이다.

같은 주제라도 장르에 따라 글의 성격은 달라진다. 그럼에도 장르 고민을 오래 할 필요는 없다. 내가 쓰고 싶은 장르와 위의 장르 선택할 때의 기준의 교집합을 찾아보자. 그 후에는 하나의 프로세스처럼 단계적으로 진행만 하면 된다. 장르까지 정했다면, 이제는 쓸 차례이다.

내가 만약, 책을 쓴다면 어떤 주제로 책을 쓸 수 있을까요? 그에 맞는 가제목을 정하고, 목차를 구성해 보세요.

내가 쓸 수 있는 책 주제를 5가지만 써 보세요.

1. _____

2. _____

3. _____

4. _____

5. _____

내가 쓰고 싶은 책의 주제에 맞는 가 제목을 지어 보고, 그것에 맞게 대략적인 목차를 구성해 보세요.

가제목 _____

목차 구성 _____

_____

_____

_____

_____

LESSON
3

자료는
꼼꼼하게
수집하고,
날카롭게
분석하라

찾는 것만큼 보이는 것이 자료다

미슐랭 기준은 음식의 맛, 분위기, 서비스, 가격을 바탕으로 정해진다고 한다. 음식 맛 하나만으로 승부 보는 게임이 아니라, 여러 방면에서 우수한지를 판단한다는 이야기다. 내 이름으로 된 책을 내기 위해서도 기획, 목차, 글쓰기, 창의성 등 다양한 요소가 필요하다. 그중 하나가 '자료'이다. 자료만 많이 찾아낼 수 있다면 책 한 권을 채우는 일은 어렵지 않다. 그 누구보다 많은 자료를 수집할 수 있고, 적절하게 편집만 할 수 있어도 한 권의 책을 완성할 수 있다.

자료를 찾는 것이 말은 쉽지만, 처음 책을 내는 분들에게 "자료를 많이 보세요."라고 말하면 어리둥절해한다. 도대체 어디서 어떤 자료를 찾아오라는 것인지 감이 잡히지 않기 때문이다. 자료는 내가 책에 쓰고 싶은 내용을 뒷받침해 주는 근거가 된다. 내가 책을 통해 펼치는 의견이 막상 나만의 경험에서만 우러나온 주장이라면 독자는 신뢰하지 않는다. 독자가 책을 읽고 이해하고, 나의 논리를 설득하려면 어떻게 해야 할까? 그렇게 하기 위한 자료가 뒷받침되어야 한다. 그래야 내 주장에 무게가 실린다.

책을 쓴다는 것은 중언부언 내 이야기만 쏟아 내는 것이 아니다. 요즘은 전자책 출판이나 셀프 출판이 발달하여 편집자의 손을 거치지 않는 날 것 그대로의 책도 많다. 단순히 출판의 의미는 있을 수 있겠지만, 기본 퀄러티 이상을 보장받지 못하는 책이 나오지 못하는 것도 사실이다.

재료가 풍부한 음식이 맛있듯, 자료가 풍성하다면 읽을거리가 많은 책이 나온다. 셰프에게 재료가 음식의 맛을 좌우하듯이 저자에게는 자료는 생명수다. 자료 수집 단계에서는 최대한 눈을 크게 뜨고 귀는 열어두어야 한다. 내가 접하는 모든 것이 자료가 될 수 있다. 어떤 자료가 내 책에 쓰일지 모르기 때문에 자료 수집 단계에서는 되도록 많은 것을 모아 놓아야 한다. 자료는 다양한 경로를 통해 수집한다. 그 중 활용하기 좋은 것을 몇 가지를 소개하면 아래와 같다.

1. 신문 기사

신문에 나오는 기사는 기자가 이미 1차 자료 수집 후, 작성한 글이다. 기사문은 사실을 바탕으로, 그것을 뒷받침해 주는 근거를 찾아 검증 절차를 거친다. 신뢰할 만한 자료다. 또한 최근 트렌드나 사람들의 관심사도 쉽게 알아낼수 있다. 내가 쓰고자 하는 책에 어울릴만한 소재가 있다면 신문 기사를 미리 스크랩해 두자.

2. 책

각계각층의 전문가부터 선 경험자가 쓴 책까지. 책의 세계는 무궁무진하다. 내가 알고자 한다면 관련 분야 키워드만 쳐도 수백 권의 책을 검색할 수 있다. 해외 저자, 국내 저자는 물론이고, 고전부터 신간까지 책의 주제와 연관 된 책을 찾아서 읽으며 내가 필요로 하는 정보나 지식을 찾아보자.

3. 칼럼

칼럼은 전문성이 보장된 글이다. 신문만큼 참고할 만한 좋은 자료이다. 한 분야를 오래 연구한 전문가가 쓴 칼럼이나, 전문 칼럼니스트가 쓴 칼럼은 신뢰도가 높다. 잘 찾은 칼럼은 책을 쓰는데 영감을 주는 역할을 한다.

4. 논문

책의 주제에 따라 다르긴 하지만, 학술적인 검증을 거친 논문을 참고하면 좋다. 자신의 의견을 증명하기 위해 논문 검토 후, 자료로 사용하면 논리적인 글을 쓰는 데 도움이 된다.

5. 인터뷰

해당 분야 인터뷰를 진행하는 것도 좋은 방법이다. 인터뷰에 부담을 느끼는 분도 많지만, 의외로 인터뷰에 응해주는 전문가가 많다. 전문가 입장에서 그들의 전문성을 드러내는 일이 어렵거나 불편한 일은 아니다. 실제로 인터뷰를 진행해 보면, 자신이 미처 생각해 보지 못한 부분을 정리할 기회가 되었다고 고맙게 생각하는 분도 있다. 그러니 미리 겁내지 말고, 인터뷰하고 싶은 전문가가 있다면 시도해 보자. 현장에서 느끼는 살아있는 정보를 알려줄지 모른다.

6. 기고문

유명인이나 권위자를 인터뷰하고 싶지만 여의찮다면 그들이 쓴 기고문을 찾아보자. 그들은 이미 그런 권위를 갖기 위해 수없이 많은 고민과 연구를 하며 자신의 경력을 쌓아온 분들이다. 그들이 쓴 글을 부지런히 찾아서 읽고 기록해 보자. 내 책의 한 부분을 빛내줄 소중한 자료가 된다.

7. 강연이나 강의

강사들이 하는 강연이나 강의도 좋은 자료가 된다. 특히 요즘에는 오프라인 강의를 가지 않고도 유튜브에 강의 자료가 많다. 강사들은 몇 년 치 연구 분야나 자료조사를 통해 검증된 정보나 지식을 전달한다. 그들이 몇 년간 쌓아올린 지식을 강의로 얻을 수 있다면 이 또한 귀중한 자료가 된다. 유튜브에 올라오는 강의 중에서 검증할 수 없는 정보도 있으니, 잘 선별해야 한다.

8. 시각적 자료

시각적인 효과를 주기 위해 책에 도표나 사진, 그림 등이 활용되는 경우가 있다. 텍스트에 활용되는 자료 외에 시각적 자료가 필요하다면 미리 수집해 두자. 이때 주의할 것은 저작권 문제가 없는 자료를 준비하는 일이다. 사진은 저자가 직접 찍은 사진이나 저작권 문제의 소지가 없는 사이트에서 제공되는 자료를 활용한다.

그림이나 도표가 필요하다면 저자가 직접 만들거나 그린 것을 미리 준비하자. 만약, 사용하려는 이미지가 저작권료가 필요한 것이라면 저자가 부담해야 한다. 그 비용을 출판사에서 지불하는 경우라면 그 비용을 고려하여 제작비에 포함하거나, 이미지 저작료를 미리 인세에서 공제한다. 시각적 자료가 필요하다면, 미리 모으는 습관을 들이자.

간혹 자료를 수집하는 단계를 힘들어하거나, 어렵다고 생각하는 분들이 있다. 자료를 찾는 일을 게을리하면 안 된다. 내가 찾는 것만큼 보이는 것이 자료이다. 자료를 찾으면서 예비저자 스스로 공부도 많이 하게 된다. 그렇게 자료를 찾다 보면 공부가 되고, 아는 것이 많아지면 또 그만큼 다른 것이 보인다. 내가 고생한 만큼 책의 내용도 풍부해 지니, 자료는 최대한 많이 찾고 기록하자. 쓸모없는 일은 없다. 내가 수집한 자료가 내 책 내용을 채운다.

사례를 수집하는 뜨거운 심장의 수집광이 되라

작은 것도 의미 있게 보고 콘텐츠로 잘 만드는 사람들이 있다. 동기부여 강연, 부모 교육, 자존감, 스피치 분야까지 다양한 분야의 책을 쓰고 강연을 하는 분들이 그렇다. 아주 작은 것이라도 자신의 콘텐츠로 만든다.

한 번은 한 지인분이 내게 이런 말을 했다. "K 강사님을 보면, 별것도 아닌 걸로 다 강의 자료로 쓰더라고요. 사실, 그분이 말씀하는 것은 50대가 되면 알 수 있는 것들이거든요." 나는 그 분께 이런 답을 드렸다.

"누구나가 겪는 상황도 콘텐츠를 만드는 사람 눈에는 다르게 보일 뿐입니다. 지금 우리가 하는 대화 속에서도 여러 개의 사례를 발견할 겁니다."

콘텐츠를 만들려면 사례를 수집할 줄 알아야 한다. 사례 역시 책을 쓰는 데 필요한 자료 중 하나다. 책은 콘텐츠 집합체다. 독자를 대신하여 다방면의 사례를 알려 줌으로써 그들의 시야를 넓혀 줄 수 있다면, 풍부한 내용을 전달할 수 있다.

사례를 볼 수 있는 눈만 키울 수 있다면, 누구라도 책을 쓸 수 있다. 여기서 사례란 실제로 일어났던 일이나 간접 경험을 예로 드는 것을 말한다. 경험치가 충분한 40~50대가 책을 쓰면 유리한 것은 책에 담을 사례가 많기 때문이다.

내가 보고 듣고, 느끼는 것이 모두 사례가 된다. 언제 어디서든 내 책 속에 담을 수 있는 사례를 발견할 수 있다. 생생한 사례는 내가 직접 겪은 경험에서 나온다.『당신이 누군지 책으로 증명하라』의 한근태 저자는 이를 자연산이라고 부른다. 현장 답사를 통해 보고 들은 내용을 쓰는 것이라 그렇다. 선행 연구가 이루어진 것은 아니지만, 눈으로 보고 들은 내용이라 최초로 쓸 수 있다는 점에서 저자만의 특별한 경험을 쓸 수 있다.

첫 책『비바리 맘의 제주 태교 여행』을 쓸 때, 현장 답사 사례를 많이 활용했다. 태교와 제주 여행이라는 공동 테마인 책은 처음이었다. 다시 말해, 참고할 만한 서적이 거의 없었다. 맨몸으로 부딪치면서 경험하고, 느낀 사례를 많이 쓸 수밖에 없었다. 그때 내가 했던 사례 수집은 내 몸의 변화를 직접 기록하는 것과 타인의 의견을 듣는 방법이었다. 직접 배가 부른 상태에서 여행지를 돌며, 임산부가 다녀도 좋을 곳만 선별하여 소개했다. 그뿐만 아니라 여행지에서 직접 임산부를 만나며 인터뷰를 진행하기도 했다. 태교 여행지를 왜 제주로 택했는지, 직접 오니 무엇이 좋고 불편한지를 물어보면서 살아있는 사례를 수집했다.

원고를 쓰다가 생생함이 느껴지지 않으면 다시 한번 현장 답사를 가서 느낌이 어떤지 그 감정으로 기록할 수 있었다. 현장 답사를 하다 보면 뜻하지 않는 정보를 습득하기도 한다. 그곳에서 만난 현장 전문가들에게 들은 이야기는 살아있는 지식이 된다. 운이 좋다면, 신문이나 문헌 등 공개된 자료에 보고되지 않는 정보를 얻을 수도 있다.

실제로 경험한 것을 사례로 쓰다 보니 그 당시 감정이나 느낌을 더욱 생생하게 표현할 수 있다. 그뿐만 아니라 타깃 독자들과 똑같은 처지에서 현장을 바라보면서, 독자 눈높이에 맞는 글을 쓰는 게 어렵지 않다.

이렇듯 내가 실제로 경험한 일은 책을 쓰는데 귀중한 자료가 된다. 아무렇지 않게 흘려보내는 일상도 책을 쓰면서 바라보면 책의 한 부분이 될 수 있다. 그냥 지나쳐 버릴 수 있는 사건도 독자에게 영감을 줄 수 있는 사례로 가공되기도 한다.

타인의 경험 또한 중요한 사례가 될 수 있다. 오직 내 경험만을 바탕으로 책을 채우려면 설득력이 떨어질 수 있다. 만약 다양한 각도에서 사례를 제시할 수 있다면 책을 읽는 독자도 관점의 전환이 된다. 따라서 책을 쓰고자 한다면, 사냥꾼처럼 촉각을 곤두세우고 다양한 사례를 수집하는 사례 수집꾼이 되어야 한다. 직접 경험, 타인의 경험, 혹은 현장 답사를 통해 내가 쓰고자 하는 방향과 연관 있는 사례를 수집해 보자. 사례 수집은 책 내용을 더욱 풍성하게 만들고, 독자들의 시야를 넓힐 기회를 준다. 이렇게 책의 조각 조각을 채워줄 사례를 수집하기 위해서는 보통 아래 네 가지 과정을 거친다.

STEP 1. 관찰

사례를 객관적으로 바라볼 수 있는 안목이 필요하다. 나의 경험이 생생한 사례가 될 수 있다. 그렇다고 내 주변에서 일어나는 신변잡기 이야기를 모두 사례로 쓸 수 없다. 내가 보고 듣고, 느꼈던 경험이라 할지라도 그것이 내 책의 주제와 연관되어야 한다. 내 책의 주제가 '가족관계'라면 가족 간에 일어났던 내 경험이 사례다. 가족관계를 이야기하면서 친구와의 관계도 떠올라 그 이야기를 쓴다면 주제와 어울리지 않는 사례일 뿐이다. 만약, 타인의 경험을 사례로 쓰고 싶다면, 새로운 안경을 쓰고 바라보자. 매일 똑같이 반복되는 일상에서 타인의 경험이 새롭게 다가올 리 없기 때문이다. 다른 눈으로 자세히 관찰해야 내 책에 쓸 수 있는 타인의 경험이 보인다. 책을 쓰고 싶다면, 관찰하는 눈을 키워야 한다.

STEP 2. 판단

내가 쓰고 싶은 사례는 누가 봐도 납득이 될 만한 사건이어야 한다. 특히 내 이야기를 사례로 쓰는 경우 주관적인 판단을 할 수 있다. 이때 자기감정에 치우친 사례는 위험하다. 현장 답사를 통해 알게 된 사례라 할지라도, 전문성이 느껴지고 근거가 있는 내용인지 판단해야 한다. 어떤 누가 들어도, 혹은 객관적으로 바라봐도 신뢰할 만한 사례라고 판단되면, 수집하자.

STEP 3. 가공

최근 SNS에 올린 글이 출판으로 이어지는 경우가 많아지고 있다. 출판 관계자의 눈에 띄기 위해 글도 점점 자극적으로 변질되고 있다. 관찰 예능이 유행하듯, 독자들도 잘 알려지지 않은 글쓴이의 사생활을 엿보고 싶은 심리가 있다. 이를 이용하여 아무것도 거르지 않은 상태에서 날 것 그대로의 사실이나 감정을 쏟아내면 안 된다. 정제된 언어 사용과 독자가 보기에도 편안함을 느낄 수 있도록 가공해야 한다.

STEP 4. 구성

자리에 맞는 옷을 입어야 품위가 느껴진다. 내 책과 어울리는 사례를 수집했다면 책 내용 중 어떤 부분에 어울리는지 생각하고 그에 맞게 제시해야 한다. 사례는 많을수록 좋지만, 내가 제시하는 주장에 맞아야 한다. 아무리 좋은 사례라도 내 책과 어울림이 없다면 무용지물이다. 수집한 사례를 바탕으로 어떤 부분에 들어가면 좋은지 구성해 보자.

위의 내용처럼 사례를 수집하는 것은 책을 쓰는 데 꼭 필요한 자료를 모으는 과정 중 하나이다. 많은 사례를 알고 있는 사람이라면 그렇지 못한 사람보다 내용이 풍부할 수밖에 없다. 사례 수집을 게을리 하지 말자. 내 책에 어떤 사례를 넣을 수 있을지 관찰자의 눈으로 세상을 바라보자. 다시 강조하지만, 책을 쓰고자 한다면 사례 수집광이 되어야 한다.

자료는 꼼꼼하게 수집하고, 날카롭게 분석하라

자료 분석이 책의 질을 결정한다

자료를 수집하다 보면 세상에 이렇게 많은 정보가 있는지 놀라게 된다. 책을 쓰기 전에는 관심 밖의 일도 책을 쓰면서 바라보면, 모든 것이 다 소재로 보인다. 예비 저자는 자료 수집 단계에서 관점을 바꿔야 한다. 방대한 자료 중, 중요도에 따라 선별하고, 내 것으로 만드는 과정이 필요하다. 따라서 자료를 분석하여 내 책에 활용하기 위해서는 분석 과정에서 정리가 되어야 한다. 사람마다 차이가 있을 수 있지만, 일반적으로 자료 분석 과정의 흐름은 다음과 같다.

수집(메모) → 분류 → 분석(버리기와 모으기) → 정리와 기록 → 활용

우선, 책의 주제가 정해졌다면, 자료의 질을 생각하지 말고 많은 자료를 조사하고 수집해야 한다. 앞서 언급했듯이 다양한 경로를 통해 해당 주제와 연관 있다고 생각하는 자료라면 일단 수집하자. 순간순간 떠오르는 생각의 조각들을 메모하는 것도 수집 단계에서 이루어진다.

『제텔카스텐』의 숀케 아렌스 저자는 교육 및 사회과학 분야의 연구자이

다. 그는 독일의 사회학자 니콜라스 루만을 연구하며, 그의 다작 비결로 메모를 꼽았다. 니콜라스 루만은 평생 350여 편 이상의 논문과 58권의 저서를 발표했다. 그의 논문과 저서는 하나같이 밀도가 높은 명저들이었다. 어떻게 하면 가능했을까? 그 이유는 '효과적인 자료 수집을 위한 메모'였다. 그만큼 자료 수집은 책의 질을 결정한다. 자료는 많을수록 좋다. 내가 참고할 만한 것이 풍부하다면 쓸 수 있는 내용도 다양해진다. 자료 수집할 때도 폴더를 따로 관리하면 편하다. 내 책을 쓰는 데 도움이 되겠다고 생각되는 자료는 폴더에 보관하면 추후 분리 작업이 쉬워진다.

두 번째는 분류 단계다. 어느 정도 관련 자료를 모았다고 생각되면, 다시 보면서 분류한다. 모든 자료를 책에 활용하면 좋겠지만, 모아놓은 자료를 다 쓰겠다고 생각하면 오히려 산으로 갈 수 있다. 분류 작업을 할 때는 중요도에 따라 분류한다.

상: 중요하면서 꼭 필요하다고 생각되는 자료

중: 활용할 때 있으면 좋겠다고 생각되는 자료

하: 내용에 따라 필요할 수도 있지만, 아닐 수도 있는 자료

잘 모르겠음: 모아 놓긴 했지만, 다시 보니 판단이 어려운 자료

이렇게 자료를 분류하면 자료 중요도의 경중을 확인할 수 있다. 무조건 자료를 모을 때에는 몰랐던 필요의 유무가 불명확한 자료들도 가려진다. 자료를 모으는 것만큼 중요한 것은 버리기 작업이다. 출처가 불분명한 자료는 버리고, 꼭 필요한 자료만 모아 놓는다. 자료 분석 과정에서 자료의 중요도와 활용도를

고려할 때, 다음과 같은 점을 확인하면 내게 필요한 자료를 확보할 수 있다.

1. 신뢰성이 있는가?

내가 수집한 자료가 신뢰할 말한 곳에서 발행한 것인가를 살펴본다. 민간에서 실시한 조사 자료보다 공신력 있는 기관에서 연구한 자료가 더 신뢰가 간다. 책이라면 저자의 전문성이나 책에 나와 있는 콘텐츠의 내용을 꼼꼼히 살펴보자.

2. 객관적인가?

자료의 객관성을 따져 봐야 한다. 나의 주관적인 생각보다는 객관적으로 판단했을 때, 충분히 설득력이 있는 자료여야 한다. 수치화할 수 있거나, 전문가 의견 중 동일한 주장이 있다면, 그렇지 않은 것보다 신뢰가 간다.

3. 보편적인가?

자료를 판단할 때 살펴봐야 할 것은 보편성이다. 자료는 나의 주장에 타당성을 입증할 때 쓸 수 있어야 한다. 그 때문에 많은 사람에게 적용했을 때도 납득할 수 있는 보편적인 가치가 있어야 한다. 나 혼자만 생각하며 하는 주장은 설득력이 없다.

4. 일관성이 있는가?

책을 쓰는 저자는 주관이 확실해야 한다. '~한 것 같다.'라는 자신감 없는 두리뭉실한 표현은 힘이 없다. 확실하게 자신의 주장을 어필하기 위해서는 일관성이 있어야 한다. 내 생각의 일관성을 뒷받침해 주는 자료인가를 살펴본다.

자료를 분석하여 버릴 것과 쓸 것을 구분할 때 위와 같은 기준이 있어야 한다. 수집한 자료 중 주의해야 할 사항이 있다. 이해가 되지 않는 자료를 만났을 때다. 특히 외국 서적이나 논문인 경우, 번역이 매끄럽지 않아 이해가 안 되는 내용이 있다. 혹은 저자가 주장하는 부분이 나조차 이해가 되지 않는 경우다. 이런 자료는 내가 소화할 수 없기 때문에 활용할 수도 없다. 과감히 버려야 한다.

세 번째 단계는 정리와 기록이다. 남긴 자료 중 집필할 때 다시 찾아보기 쉽도록 정리하는 단계다. 책의 한 문장이 될 수 있고, 신문 기사의 스크랩 내용일 수도 있다. 자료를 정리하면서 기억하기 쉽게 인덱스로 표시하거나, 따로 기록해 둔다.

이렇게 분석을 통해 선별된 자료는 책을 집필하면서 필요에 맞게 활용하면 된다. 자료 분석이라고 해서 혼자 수십 년에 걸쳐 연구할 필요는 없다. 수십 년간 연구한 전문가나 연구자들의 정보 중 나에게 적용할 만한 지식을 감별해 낼 수 있다면, 훌륭한 자료가 된다.

그다음 자료에서 얻은 정보를 나의 스토리와 연결해 보자. 설득력 있는 나만의 지식으로 탄생할 수 있다. 예를 들어, 시간 관리법에 대한 정보를 모은다고 해 보자. 시간 관리법 중 하나로 뽀모또로 기법이 있다. 뽀모또로 기법이란 1980년대 후반 '프란체스코 시릴로'가 제안한 시간 관리 테크닉이다. 타이머를 활용하여 25분간 집중해서 일을 한 후, 5분간 휴식하는 방법을 말한다. 이는 사실 기반의 정보다. 만약, 내가 이 방법을 활용하여 3년간 독서를 해 왔다고 해 왔다면 어떨까? 뽀모도로 기법을 활용한 독서법은 나의 지식이다. 이런 정보를 내 삶에 적용하여 탄생한 지식은 나만의 노하우가 된다.

이렇게 자료 분석은 내 삶에도 적용할 수 있었던 정보 기반의 지식과 내가 주장하고 싶은 의견을 뒷받침할 수 있는 근거 자료를 선별하는 과정이다. 김익한 저자의 『거인의 노트』에서도 메모를 분류하는 과정은 생각을 정리하는 과정이며, 나아가 생각의 길을 알 수 있다고 역설한다. 그렇다. 메모는 생각을 정리할 수 있게 도와주면서, 자료가 된다. 평소에 자료 수집을 통해 메모하는 습관을 들이면, 자료 수집과 분석이 어렵지 않다. 이 과정에서 생각도 많이 정리된다. 그러면 집필할 때 생각을 잘 풀어낼 수 있다. 흩어진 자료를 나의 책 주제에 맞게 분류하고 분석하는 과정이 내 책의 질을 결정한다. 꼼꼼하게 자료를 수집했다면, 그다음은 매의 눈으로 날카롭게 분석할 때이다.

사색이 책의 깊이를 더한다

"지금까지 나의 삶에 전부라고 생각했던 것, 나를 지배했던 초월적인 가치에 의문을 던져라." 프리드리히 니체가 한 말이다. 이 한마디는 많은 것을 생각하게 한다. 사람이 쉽게 변하지 않는 이유 중 하나가 나를 지배했던 가치에 의심을 품지 않아서다. 내가 보기에는 상식적이라고 생각하는 것이 누군가에는 그렇지 않을 수 있다. 가장 쉬운 예로 우리나라에서 몸보신을 위해 먹는 보신탕은 해외에서는 혐오하는 음식이다. 오래전부터 보신탕을 먹고 자라왔다면, 해외 사람들의 반응이 이해가 안 될 수 있다.

이렇게 오랜 시간 자신의 경험을 통해 습득한 지식이나 생각이 타인에게는 일반적인 상식으로 전달되지 않을 수도 있다. 자료는 보편적인 가치가 있어 타당하고 생각될 때, 독자를 설득할 수 있다.

예를 들어, 성인을 위한 영어 공부법 책을 쓴다고 가정해 보자. 문법 위주로 공부를 해 왔던 사람들에게 자신이 했던 영어 공부법을 설명하면서 아이가 말을 배우는 것처럼 해야 한다고 주장하고 싶다면 어떻게 해야 할까? 영어로 된 쉬운 영상을 많이 들으면서 따라 말하고, 그 후에는 쉬운 영어 원서부터 읽고 쓰는 연습을 하라고 할 것이다. 아이들이 말을 배우는 순서와 비슷하고 하면서 말이다. 독자가 영어를 배우는 곳이 한국이라면 말을 해 볼 기회가 없는데 어떻게 해야 하나? 라는 의문을 가질 수 있다. 그런 것을 고려하여 말하기 연습법을 따로 제시해 준다면 도움이 될 것이다. 또한, 자신이 주장하는 방법으로, 성공적으로 영어를 통달했던 사람들의 이야기를 들려주면 그런 저자의 영어 공부법이 혼자만의 경험이 아니기에 보편적인 가치를 느끼게 된다.

처음 책을 쓰는 분이라면, 이런 부분을 주의해야 한다. 따라서 내가 수집한 자료가 독자들에게 설득력이 있고, 타당성을 입증하기 위해서는 마지막으로 사색하는 과정을 거쳐야 한다. 즉, 다양한 자료를 수집한 이후에 분류와 분석을 통해 내 것으로 소화한 후에도 사색을 과정을 거치면 객관적 자료 판단에 도움이 된다. 이는 내가 표현하고자 하는 주장이 오직 나 혼자만의 생각으로 갇히지 않기 위해서다.

또한, 사색은 자료를 수집하며 복잡해진 내 머릿속을 정리하고, 수많은 정보 속에서 옥석을 가려낼 수 있게 도와준다. 그래서 자료가 정리가 되지 않거나, 분류 작업이 어려울 때 사색하면 정리되는 경우가 많다.

책을 쓰는 사람치고 사색하지 않는 사람은 거의 없다. 사색하지 않으면 다양한 각도에서 사물이나 현상을 바라볼 수 없다. 곧 갇힌 생각만 하게 된다. 『사색이 자본이다』의 김종원 저자는 생각과 사색의 차이를 명확하게 설명한다. "생각은 눈에 보이는 것만 보고, 보고 싶은 것만 보게 한다. 사색은 시선을 바꾸고 정보를 결집하고, 새로운 것을 창조해 내는 것." 그렇다. 책을 쓰기 위해서는 내가 수집한 자료를 결집하여 다른 시선을 바라보고 나만의 새로운 것을 창조할 수 있어야 한다. 사색하는 습관을 들이면, 책을 쓰면서 긍정적인 효과를 볼 수 있다. 다음은 사색으로 얻을 수 있는 효과이다.

첫째, 시야가 넓어진다.

사고가 전환되면서 닫힌 생각이 아닌 입체적인 각도에서 상황을 바라볼 힘이 생긴다. 하나의 사건이 발생했을 때, 그 사건을 바라보는 관점이 나 혼자의 시선에만 머물렀다면, 여러 시선에서 바라보는 관점이 생긴다. '상대방이라면 어떨까?', '제 삼자라면 어떻게 생각할까?', '독자의 시선에서는 어떨까?' 등 혼자만의 시선이 아닌, 다양한 각도에서 사건을 바라볼 수 있게 된다. 시야가 넓어져야 보편적인 가치를 가려낼 수 있다.

둘째, 아이디어가 떠오른다.

아무리 많은 자료를 모았다 하더라도, 그것을 내 것으로 만들지 못하면 소용없다. 내 책에 쓸모 있는 자료가 되기 위해서는 나의 아이디어를 더 해야 한다. 사실 기반의 자료라 할지라도 저자의 의견이 없다면 남의 생각일 뿐이다. 진정성 있는 글은 저자의 경험과 생각이 뒷받침될 때 나온다. 자료를 바탕으로 사색하여 나의 관점으로 해석해 보자. 그러면 신선한 나만의 아이디어가 나온다.

셋째, 통찰력이 생긴다.

사색하다 보면 통찰력이 생긴다. 사물이나 현상을 꿰뚫어 보는 통찰력은 사색하는 힘에서 나온다. 하나의 현상을 깊이 '왜 그럴까?' 의문을 품고 파고들어 보자. 처음만 어렵지, 질문하고 스스로 답하는 과정을 반복하다 보면 눈에 보이는 것 이상을 볼 수 있는 안목을 가질 수 있다.

그럼에도 바쁜 생활인으로 살아가면서 사색하는 시간을 갖는 것은 좀처럼 쉽지 않다. 조금만 관심을 기울여, 의식적으로 하루에 일정 시간을 내어 연습해야 한다. 사색하는 것이 어렵다면, 아래 방법들을 활용하여 습관으로 만들어 보자.

1) 명상: 하루에 15분~20분 정도 명상을 해 보자. 사색은 깊이 생각하는 것이지만, 명상은 생각을 비우는 일이다. 무념무상의 상태로 돌아가 머릿속을 비운다. 잡념이 많으면 질 좋은 생각을 할 수 없다. 사색하기 위해서는 머리를 비우는 연습부터 해야 한다.

2) 산책하기: 혼자 걷다 보면 자연스럽게 생각이 많아진다. 이때 떠오르는 생각으로 꼬리에 꼬리를 물며 생각하지 말고, 하나의 주제를 생각하며 걷는다. 그러면 한 주제에 대해 깊이 있게 생각할 수 있다. 산책은 몸으로 하는 사색이다. 걸으면서 한 주제에 몰입하다 보면 어느새 생각이 정리된다.

3) 프리 라이팅: 산책이 발로 하는 사색이라면, 글쓰기는 손으로 하는 사색이다. 프리 라이팅의 대가 줄리아 카메론은 그의 저서 『아티스트웨이』에서 내 안에 창조성을 깨우는 방법으로 모닝 페이지를 추천한다. 매일 아침 의식의 흐름대로 3페이지 정도 글을 쓰다 보면 내 안에서 하고 싶은 말이 무엇인지 이해하게 된다고 전한다. 손으로 3페이지 정도 쓰는

일이 어렵다면 하루 반쪽 정도라도 의식의 흐름에 맡겨 글쓰기를 해 보자. 내 안에 무엇이 있는지 깨우기에 좋다. 써 내려가는 과정에서 복잡한 생각이 정리되는 경험도 할 수 있다.

4) 그림 감상하기: 최고의 작품을 감상하는 법은 사색의 대가 괴테가 제시한 방법의 하나이다. 그림을 감상하다 보면 화가들의 예술성을 받아들일 수 있다. 창조의 고통을 이겨낸 그들의 작품을 감상하는 것만으로 영감을 깨울 수 있다.

5) 어린이 관찰하기: 자기만의 생각에 갇히는 이유 중 하나는 어린아이의 순수성을 잃어버리기 때문이다. 나이가 들수록, 나이에 맞는 생각을 해야 한다며 자신이 정한 한계에 가두어 버리는 어른이 많다. 어린아이는 천성적으로 호기심이 많고, 순수하다. 결과를 생각하지 않고 호기심이 생기는 일에 도전하며 그 과정을 즐긴다. 아쉽게도 어른이 되면서 그런 천성을 잃어버린다. 자주 어린이를 관찰하다 보면, 새로운 시각을 바라볼 수 있는 힘이 생긴다.

책에는 글쓴이의 가치관과 세계관이 들어있다. 보통 저자가 이제까지 겪었던 직·간접 경험을 통해 얻은 지식이나 지혜를 통해 형성된다. 나의 가치관과 세계관은 책을 쓰는 순간, 글을 통해 독자에게 전해지고, 영향을 준다. 사색하면 나의 이전 경험을 재점검하고, 돌아보게 된다. 타인에게 얻은 자료를 재해석해 보는 여유도 가질 수 있다. 그러니 책을 쓰고 싶다면, 사색하는 시간을 통해 나를 먼저 깊이 돌아보며 열린 마음으로 세상을 바라보자.

아티스트처럼 배우고, 기업가처럼 창조하라

하늘 아래 완벽히 새로운 것은 없다. 기존에 있던 것에서 불편함을 느껴 개선된 상품이 나온다. 혹은 원래 있던 것에서 아이디어가 더해져 신상품으로 재탄생한다. 혁신의 아이콘 아이폰도 기존 핸드폰에서 '인터넷 기능'을 추가하여 나온 제품이다.

천재 바이올리니스트 모차르트도 어릴 때부터 자신의 곡을 작곡하지 않았다. 기존 음악가들이 쓴 악보로 연습하며 모방했다. 그 후 자기만의 음악 세계를 만들었다. 창의적인 기법으로 미술계를 놀라게 했던 피카소 역시 기존 화가들의 작품을 따라 그리며 연습했다. 성인이 된 후, 피카소만의 화풍을 만들어갔다. 그들이 어릴 적부터 보고 자란 작품이 데이터로 쌓였고, 그것이 창조성의 기반이 되었다.

책을 쓰고 싶지만, 부담을 느끼는 이유 중 하나는 '창조'를 어렵게 생각하기 때문이다. 책을 쓴다는 것은 나만의 세계를 구축하는 일이다. 기존 자료 분석과 통찰을 통해 재해석하여, 나만의 의견을 제시하는 것이라고 할 수 있다. 이전에는 없던 것을 써야 한다면 어렵다는 생각이 든다. 우리가 쓰려고 하는 책은 소설처럼 없던 세계를 상상하며 쓰는 것이 아니다. 경험과 지식기반의 비문학이다. 즉, 자료만 있다면 누구나 재창조할 수 있다.

자료를 수집하고 공부하는 과정은 과거 지식이나 정보를 모방하고, 배우는 과정이다. 책을 쓴다는 것은 마치 한 편의 다큐멘터리를 만드는 것과 유사하다. 다큐멘터리를 연출하는 감독은 하나의 주제로 무에서 유를 창조한다. 그들은 작품을 만들기 전, 어떤 주제로 제작할지 고민한다. 책 쓰기의 주제 선정 단계다. 그 후에는 세부적인 콘셉트를 잡는다. 콘셉트가 정해지면, 자료 수집을 한다. 다큐멘터리 주제와 연관된 데이터를 모아 그들 중 콘셉트와 잘 맞고, 방송에도 쓸 수 있는 자료를 선별한다.

대략적인 구성에 맞게 모인 자료를 바탕으로 촬영하고 편집 과정을 거쳐, 한 편의 다큐멘터리가 완성된다. 완성된 다큐멘터리는 자료를 기반으로 한 창작물이 된다. 한 편의 다큐멘터리가 나오기 위해 얼마나 많은 자료를 수집하는지 아는가? 서적부터 논문 검색, 전문가 의견, 실사례자 인터뷰 등 그 분야에 관하여 다양한 방면에서 데이터를 찾는다.

책 쓰기도 이와 비슷하다. 내가 아무리 잘 알고 있는 분야라고 할지라도 책을 쓰기 위해서는 자료 수집하고, 소화한 후 재창조 과정을 거친다. 완전히 새로운 분야를 개척하라는 것이 아니다. 기존 저자들이나 학자, 교수들도 이전의 데이터를 바탕으로 연구하여 그들의 자료를 만들었다. 그만큼 실제 실험을

자료는 꼼꼼하게 수집하고, 날카롭게 분석하라

통해 얻은 최초의 데이터가 아닌 이상, 최초 자료를 찾기 어렵다. 그러니 창조에 대한 부담을 내려놓아도 된다.

창작물로 재탄생하기 위해 모방은 배움의 기초가 된다. 자료를 많이 찾다 보면 자연스럽게 그것을 모방하면서 배운다. 기존 자료를 그대로 모방한다면 그것은 표절이겠지만, 나에게 영감을 주어 새로운 작품을 만들게 도와준다면 창조가 된다. 자료는 어떻게 새로운 창작물로 재탄생할 수 있을까? 간단히 두 가지로 나누어 설명하면 이렇다.

1. 지식 데이터

지식 데이터는 말 그대로 책을 통해 간접적으로 얻은 지식이다. 전공서, 논문, 학술서에 나온 지식을 배워서 알게 된 것을 말한다. 자료의 가장 기초가 되는 것도 이론 지식이다. 한 분야의 이론은 하나의 뿌리에서 나온다. 그 뿌리에서 다양한 재해석을 통해 또 다른 지식으로 파생한다. 이론 지식 데이터를 많이 공부하다 보면, 내 책에 적용할 만한 지식이 보인다. 그 지식을 나의 관점에서 해석하여 편집하거나 창조할 수 있다.

2. 경험 데이터

경험 데이터는 경험을 통해 알게 된 지식이다. 책을 많이 읽지 않아도 사회 경험이 많다면, 실제 경험을 통해 지식을 쌓을 수 있다. 예를 들어, 다른 사람보다 여행 경험이 많다면, 그 사람은 여행을 잘 가지 않는 사람보다 여행지식이 많다. 항공권 싸게 사는 법부터, 비자 받는 법, 여행지 정보까지 모두 경험 지식이다.

그 후, 여행이라는 경험을 통해 얻은 경험 데이터는 더 방대할 것이다. 이런 지식이 바로 경험 데이터다. 『자연에서 배우는 정원』의 김봉찬 저자는 국내 생태 정원의 대가이다. 식물학이나 정원을 가르치는 교수들도 그에게 와서 생태 정원을 배운다. 그는 수십 년간 한라산을 다니며 생태 정원의 산지식을 습득했다. 그 후, 직접 경험하며 얻은 지식과 지혜를 나만의 어휘로 표현하여 책을 냈고, 강의한다. 이 또한 하나의 창조이다.

일정 분야에 내가 공부해 온 양이 충분하고, 그것을 직접 경험하여 지식을 지혜로 바꾸어 본 경험이 있는가? 그렇다면 그 자료를 체계화하여 나만의 관점을 더하여 책을 쓸 수 있다. 지식과 경험을 적절하게 편집할 수만 있다면 말이다. 내가 아무리 아는 것이 많아도 그것을 체계적으로 정리하고 창작물로 만든다는 것은 또 다른 문제이다.

책 쓰기는 한 분야에 무조건 오래 일 한 사람이라고 해서 잘 쓰는 것은 아니다. 자신이 알고 있는 지식과 경험을 체계화시킬 수 있는 사람이 대중에게 어필 할 수 있는 책을 쓸 수 있다. 한 분야에서 일을 한 사람이라도 20년 차, 15년 차, 10년 차에 따라 전문성의 깊이 차이가 있다. 연차에 따른 전문성은 자신이 속한 분야에서 큰 차이가 난다. 반면, 대중서를 읽는 독자의 입장에서는 전문성의 차이를 체감하지 못한다.

예를 들어, 30년 차 권위자의 눈에는 15년 차와 10년 차의 실력 차이를 구분할 수 있지만, 그 분야를 모르는 사람 입장에서는 20년 차가 해 주는 조언이

나 15년 차, 10년 차가 해 주는 조언이 거의 비슷해 보인다.

따라서 내가 한 분야에 20년 이상의 경력이 없다고 책을 못 쓰는 것은 아니다. 오히려 한 분야에서 오랜 경력이 있다면 그 전문성을 글로 표현하여 창작물로 만들어내는 것이 더 중요하다. 내가 쓴 책이 같은 전문 분야의 사람에게 "너무 깊이가 없는 것이 아니냐?"라는 소리를 들어야 오히려 대중들이 이해하는 책이 나온다. 책은 논문이나 학술서가 아니기 때문이다. 일반 사람이 읽어야 한다. 어려운 자료 내용도 대중이 이해하기 쉽게 설명해 주는 사람이 훨씬 책을 잘 쓴다. 다시 말해, 대중에게 쉽게 읽히기 위해서는 내가 수집한 자료를 최대한 독자의 눈높이에서 새롭게 창조해야 한다.

책을 쓰면 전문가가 된다. 해당 주제에 관한 데이터를 많이 가지고 있고, 한 권의 책으로 쓸 만큼의 콘텐츠로 창조할 만한 능력이 있기 때문이다. 그러한 창조는 모방에서 나온다. 모방이 창작물이 되기 위해서는 수많은 데이터가 내 머릿속에서 체화되고 정리되어야 한다. 그래야 발현된다. 천재 감독이라고 불리는 쿠엔틴 타란티노 감독은 수없이 많은 영화를 보고 모방하며 영화를 배운 사람이다. 영상이나 영화 전공자는 아니지만, 이전 감독들이 만든 영화를 보고 체화하면서 또 다른 영화로 재탄생시켰다. 그가 바로 데이터를 체화시켜 창조한 경우다.

나의 개성이 잘 묻어나온 책을 쓰고 싶은가? 그러면 모방하며 배울만한 자료를 먼저 찾아보자. 잊지 말자. 자료를 비틀고, 기름치고, 조일 때 비로소 새로운 창조물이 나온다는 것을.

책 쓰기 수업
시크릿 노트 3

출판 트렌드를 알아보는 법

　책을 쓰기 전, '기획' 단계에서 가장 어려운 것이 트렌드를 파악하는 일이다. 출판 트렌드는 반 발짝 앞서 준비한다고 생각하면 된다. 즉, 책이 출간될 시기를 고려하여 6개월 정도 앞서서 책이 나올 것을 계산하면 트렌드와 잘 맞는 책이 나올 수 있다. 물론 완벽하게 트렌드를 파악하기는 어렵다. 아무리 시대의 흐름을 읽고 분석한 후, 한 단계 앞서 준비했다고 해서 무조건 잘 팔리는 책이 나오는 것도 아니다. 그렇지만, 트렌드 분석 후 책을 준비해야 출판 계약률을 높일 수 있고, 잘 팔릴 확률도 높다. 출판 트렌드 분석 역시 어느 트렌드 공부와 다를 게 없다. 관심을 두고 연구하는 만큼 보이는 법이다. 다음은 기본적으로 트렌드를 공부하기 위해 도움 받으면 좋은 방법이다.

1. 신문이나 뉴스

　신문이나 뉴스에 나오는 기사를 유심히 본다. 보통 신문 기사나 뉴스에 나오는 기사는 기자들이 여러 분석 과정을 통해 기사문을 작성한다. 사람들의 관심이 없다면 기사를 내도 반응이 없다. 그 때문에 기자들 역시 최근 현상이나 트렌드에 관심을 두고 기사를 쓴다. 신문 기사나 포털 사이트에서 제공되는 뉴스를 보면서 사람들의 관심사나 트렌드를 분석해 보자.

2. 이슈나 트렌드를 다루는 유튜버나 블로거

직업적으로 최근 이슈나 트렌드를 콘텐츠로 다루는 유튜버나 블로거가 있다. 이들은 콘텐츠를 만들기 위해 그 누구보다 트렌드나 이슈에 관심을 둔다. 그들이 제공하는 콘텐츠를 꾸준하게 보다 보면, 요즘 어떤 주제가 이슈가 있는지를 알 수 있다. 단, 다양한 분석 자료를 통해 객관적인 데이터를 제시하는 유튜버나 블로그의 콘텐츠여야 한다.

3. 트렌드를 다룬 책

트렌드를 다룬 책을 참고해 보자. 트렌드 분석가들이 전문적인 데이터를 바탕으로 미리 예견하면 쓴 책이다. 해마다 나오는 김난도 외 다수가 쓰는『트렌드 코리아』시리즈, 트렌드 분석가 김용섭 저자의『라이프 트렌드』, 신형덕 외 5인 쓴『문화소비 트렌드』등 트렌드 관련 책을 읽으며 시대를 읽는 통찰력을 키우는 것도 도움이 된다.

4. SNS의 유행 살피기

SNS는 유행이 빠르게 확산하는 곳이다. 인플루언서나 유명인이 하면 다른 사람들도 금방 따라 하면 유행된다. 사람들이 어떤 것에 관심이 있는지 살

퍼보자. 그들이 사용하는 키워드를 중심으로 보다 보면, 최근 트렌드를 파악할 수 있다.

트렌드 분석은 책을 기획하는 데 있어, 꼭 필요한 과정 중 하나이다. 모든 것이 그러하듯, 시대를 반영하는 상품이 소비자의 선택을 받는다. 내가 쓰고 싶은 주제는 어떤 트렌드와 잘 맞을까를 고민해 보자. 많이 생각할수록 현상을 넘어선 안목을 키울 수 있다.

일생에 한 번은 당신만의 책을 써라

내가 활용할 수 있는 자료는 어떤 것이 있나요?
어떻게 분석할 것인가요?

나의 계획을 적어 보세요.

	내가 활용할 수 있는 자료	활용 방안
1		
2		
3		
4		
5		

LESSON
4

=

초고는
엉덩이로
시작하고
마인드로
끝내라

=

꼼꼼한 집필 계획으로 골든벨을 준비하라

모든 일이 계획대로 되지는 않는다. 그러나 계획 없이는 일이 진전되지도 않는다. 항상 변수가 존재하기에 추진한 대로 가다가도 수정과 보완이 필요한 것이 계획이다. 책을 쓰겠다고 확고한 마음을 먹었다면 본격적으로 원고 쓰기를 시작하기 전에 해야 할 일은 '집필 계획을 세우는 일'이다. 목차 개수를 확인하고 어느 정도 시간이 걸릴지 계산한 후, 예상 집필 기간을 정해야 한다.

책을 한 번 쓰기 시작했다면 몰입하여 쓰는 것이 좋다. 중간에 사건 사고가 발생하거나, 회사의 사정이 안 좋아진다면 신경이 분산되어 집중력을 떨어뜨린다. 누구나 예기치 못한 사정은 있을 수 있다. 미처 생각하지 못했던 일이 생겨 집필의 흐름을 깰 수도 있다. 이렇게 되면 원고 쓰는 일은 차일피일 미루다 포기할 가능성이 많아진다. 따라서 집필 계획을 세우기 전, 미리 아래 사항을 체크해 보자.

1. 집필을 시작하는 기간 동안 예정된 집안의 대소사가 있는가?

2. 회사에서 맡은 중대한 프로젝트가 있는가?

3. 대학원 진학 등의 새로운 목표가 있는가?

4. 가족들의 배려를 받을 수 있는가?

집필 기간에 중 집안 대·소사나 회사의 프로젝트 기간까지 파악 후, 여유 있게 계획을 짜야 한다. 그래야 진도가 나가지 않는 것에 대한 스트레스와 조급함에서 벗어날 수 있다. 또한 오롯이 '원고 집필'을 1순위로 두고 써야 큰 슬럼프 없이 집중할 수 있다.

이렇게 집필 계획은 개인 사정을 고려하여 짜야 하지만, 보통 초고 완성은 3개월과 퇴고하는 기간은 한 달(최대 두 달) 정도로 잡는다. 그 이유는 시간을 길게 잡으면 긴장감이 없어 초고 완성이 늦어지기 때문이다.

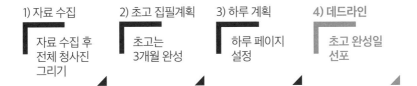

1) 자료 수집	2) 초고 집필계획	3) 하루 계획	4) 데드라인
자료 수집 후 전체 청사진 그리기	초고는 3개월 완성	하루 페이지 설정	초고 완성일 선포

〈집필 주간 계획표〉

1주차~15주차	16주차~22주차	23주차
초고쓰기	퇴고하기	출판사 피칭

기본적으로 출판사 피칭까지 기간을 최대 5개월로 잡는다. 그 후, 목차에 따라 한 달 분량과 일주일, 하루 분량을 계산하고, 휴식 시간까지 꼼꼼하게 계획

초고는 엉덩이로 시작하고 마인드로 끝내라

으로 잡는다. 그래야 집필에 속도감이 붙고, 자신의 페이스를 유지할 수 있다.

예를 들어, 40개의 목차를 기준으로 계획을 세운다고 해 보자. 이틀에 한 챕터를 쓴다고 가정하면 일주일에 3챕터 정도 분량을 채울 수 있다. 한 달이면 12챕터, 14주 이내면 40개의 목차를 완성할 수 있다. 하루에 3챕터를 쓰기 위해서는 하루에 적어도 2시간은 시간을 따로 빼야 한다. 바쁜 일상을 유지하면서 하루에 2시간을 따로 떼어내는 일은 쉬운 일은 아니다.

자기 일과 중 일하는 시간과 가정생활을 하는 시간을 제외한다면, 새벽과 밤 2시간 정도가 나올 것이다. 그중에 본인 컨디션을 고려하여 새벽 시간을 집필 시간으로 할지, 퇴근 후로 할지 결정하는 것이 좋다. 나는 보통 새벽 시간을 추천하는 편이다. 그러나 사람의 상황이 다르니, 새벽 4~5시에 일어나 시간을 만드는 일이 쉽지 않을 수 있다.

한 번은 책 쓰기 코칭을 하면서 N잡을 하는 직장인을 지도한 적이 있다. 회사 일 말고도, 퇴근 후나 주말을 활용하여 외부 강의도 하고, 자신의 사업체도 운영하며 사는 부지런한 분이었다. 바쁜 일상을 유지하면서도 책을 쓰고자 하는 의지가 강했고, 수업 시간에도 진도를 잘 따라오는 분이었다. 주체적인 삶을 사는 분이기에 수업이 끝나고 집필하는 기간에 분명히 초고 진도를 나갈 수 있다고 생각했다. 수업 진도까지 잘 따라오던 분이 원고 집필 기간에는 진도 나가는 것이 어렵다며 연락이 왔다. 새벽에 두 시간만 일찍 일어나 집필 시간을 가져 보라고 조언해 드렸지만, 그것 역시 쉽지 않다고 했다. 수강생분들과 소통하다 보니 그런 분들이 꽤 많았다.

이렇게 개인적인 스케줄과 체력을 고려하여 하루에 2시간을 내는 일이 어렵다면, 또 이것을 쪼개어 하루 1시간만 내어보자. 하루 1시간이면 주중에 5시간을 뺄 수 있고, 주말에 각각 4~6시간씩만 확보해도 10~12시간을 집필할 수 시간으로 만들 수 있다. 그 시간이면 최소 2챕터에서 4챕터는 쓸 수 있는 시간이 확보된다.

그러나 가끔 책 쓰기 코칭을 하면서 한 챕터의 분량을 쓰는데 5~6시간씩 소요되는 분들도 있었다. 이런 분들은 초고를 꼼꼼하게 쓰는 분이다. 생각을 정리하거나 자료 조사에 많은 시간을 쓰다 보니 더 오래 걸린다. 혹은 집필하면서도 눈에 보이는 비문이나 오타를 고치면서 하는 분들은 집필 시간이 다소 느린 편이다. 만약 자신이 이렇게 초고를 꼼꼼하게 쓰느라 오랜 시간이 소요된다면, 집필 계획을 조금 유연하게 잡아야 한다. 초고 집필을 3개월->5개월, 퇴고하기를 한 달->두 달 정도로 여유 있게 잡고 자신의 페이스를 유지하고 갈 수밖에 없다.

따라서 집필 전 평균적인 집필 소요 기간에 맞춰 계획을 세우되, 실제로 원고를 쓰면서 걸리는 시간을 고려하여 집필 계획을 수정하면 된다. 중요한 것은 중도 포기하지 않고, 출간까지 완주하는 것이기 때문이다.

원고를 쓰기 전, 집필 계획을 세운다는 것은 수능을 앞둔 학생이 수능일에 맞게 공부 목표에 맞게 계획표를 짜는 것과 같다. 잘 세운 계획이 '출판 계약'이라는 결실을 보기 위한 하나의 퍼즐임을 기억해야 한다.

작가처럼 생각하고 루틴을 만들어라

처음 하는 일은 누구나 어려움을 느낀다. 초등학교 때, 자전거를 처음 배우던 시절을 떠올려보자. 균형 맞춰 앞으로 움직이는 일이 얼마나 어려웠는가? 몇 번이나 넘어지고 다시 도전해서야 자전거를 탈 수 있었다. 자전거를 타기 시작하면서는 어떤가? 무섭고 두려웠던 왕초보 시절이 생각나지 않는다.

초고를 쓰는 과정도 이와 비슷하다. 자전거를 능숙하게 다루기 전처럼 두려움이 앞선다. 하얀 화면에 커서만 깜박이다 '뭘 써야 하나?' 고민만 하다 한 줄도 못 쓰며 좌절 할 수 있다. 이런 마음이 들더라도 자전거 배우면서 넘어지는 것으로 가볍게 넘겨야 한다. 이런 고비를 몇 번 넘기다 보면, 어느새 자연스럽게 글을 쓰고 있는 자신을 발견하게 된다. 초고 쓰기는 보통 3달 정도의 시간 들여 완성하기 때문에 한 번씩 찾아오는 슬럼프도 잘 이겨내야 한다.

책 쓰기를 하며 주제를 잡고, 자료 조사까지 마친 후 초고 쓰기 단계까지 왔다면 마라톤에서 반까지 도달한 상황이다. 이제 반만 더 뛰면 되는데, 가끔

이 단계에서 포기하는 분들이 있다.

초고 쓰는 단계에서 무너지는 이유는 기존 습관 때문이다. 뇌는 기본적으로 이전 습관과 행동 방식을 익숙하게 받아들이는 경향이 있다. 새로운 습관이나 기존에 하지 않았던 일을 하는 것을 밀어낸다. 조 디스펜자 박사의 『당신이라는 습관을 깨라』는 책에서도 오래된 생각이나 패턴, 습관적인 감정을 멈춰야 새로운 마음을 만들어 낼 수 있다고 말한다. 즉, 무의식적인 행동을 그만두고, 새로운 지식을 자신에 대입시켜야 자신이 바라는 모습을 스스로 상기할 수 있다는 뜻이다. 이처럼 자리에 앉아 글을 쓰는 것이 생각보다 어려운 이유는 이전에 글쓰기 습관을 들이지 않았기 때문이다.

책을 쓰기로 마음먹었다면, 두 가지를 바꿔야 한다. 첫 번째는 나의 의식을 바꾸는 일이다. 즉, 기존의 나(책을 쓰지 않았던 사람)에서 새로운 나(책을 쓰는 사람)로 새로운 존재 상태로 만들어야 한다. 나의 잠재의식이 '과거의 자아'가 아닌 '현재 되고 싶은 자아'로 인식하도록 하는 것이다. 지금 내가 어떤 사람인지 의식적으로 되고 싶은 자아를 만들어 내는 작업이 필요하다.

대부분 눈에 보이지 않는 것은 믿지 않으려는 경향이 있다. 특히 초고를 쓸 때 책 출간이라는 실체가 보이지 않기 때문에 흔들리기 쉽다. 책은 몇 개월의 집필 과정과 출판사의 편집 과정을 통해 나온다. 한 번이라도 그런 경험을 해 본 사람은 그 과정을 상상할 수 있다. 그 때문에 몇 개월 인고의 시간을 견디는 일이 어렵지 않다. 반면, 처음 책을 쓴다면 출판 프로세스에 대한 경험이 없기에 출간 후의 모습이 잘 상상되지 않는다. 상상하지 않는 미래는 믿기 어럽고, 믿음이 없기 때문에 포기하고 싶다는 생각이 든다.

따라서 초고를 쓰는 단계부터 무의식에서 '책을 쓰는 자아'로 인식시키기 위해, 이미지 트레이닝을 통해 새로운 자아를 만들어야 한다. 예를 들어, 내 책의 표지 이미지를 만들어 출력 후 책상 앞에 붙여놓기. 책 출간 후 교보문고에 내 책이 전시된 모습이나 강연하는 내 모습 상상하기 등이다.

초고는 끊임없이 나에게 동기부여를 주면서 한 발씩 앞으로 나아가는 과정이다. 책 출간 후의 나의 모습을 '이미지'로 만들어 책상 앞이나 책상 주변에 붙여 놓는 것만으로도 도움이 된다. 무의식에서 '나' 자신을 작가로 인식하게 만들면 책상에 앉아 글을 쓰는 일도 자연스럽게 된다. 내 미래가 눈앞에 보이는데, 포기하겠는가?

두 번째는 글 쓰는 루틴을 만드는 일이다. 책을 한 번도 써 보지 않은 사람이 갑자기 앉아서 글을 쓰려고 하면 적응이 되지 않는다. 글 쓰는 일이 자연스럽게 습관으로 받아들이기 위해서는 '루틴'을 만들면 된다. 초고 쓰는 시간을 확보하고, 그 시간에는 글쓰기만 하는 루틴으로 정하는 것이다. 글쓰기 루틴으로 자리를 잡는 것이 어렵다면, 하나의 리츄얼(ritual, 의식)을 만들어 보자. 다음은 내가 글을 쓰기 전에 치르는 리츄얼이다.

1. 감사 일기 쓰기(5분)
2. 의식을 확장해 주는 책 읽기(10분)
3. 초고 쓰기(2시간)

이처럼 글을 쓰기 전에 치르는 리츄얼을 만들어서 초고를 쓰기 시작하면 예열한 상태에서 가동하는 오븐처럼 마음의 준비를 할 수 있다. 리츄얼을 시작한 후, 처음부터 잘 써지지 않는다고 해도 실망하지 말자. 그럼에도 매일 반복해야 한다. 그러면 어느 순간, 뇌가 초고를 쓰는 시간이라는 것을 인식하기 시작한다. 그러면 자연스럽게 초고 쓰기 루틴을 만들 수 있다.

리추얼은 사람마다 다르다. 자신의 상황과 성향에 따라 할 수 있는 방법을 만드는 것이 중요하다. 『나는 말하듯이 쓴다』의 강원국 저자는 전작인 『강원국의 글쓰기』를 쓸 당시, 매일 술을 마셨다고 한다. 그는 편의점에서 술을 사 글을 쓰러 카페에 가기 전, 청하 한 병을 마셨다. 그 후에는 아메리카노를 주문하고, 안경을 닦았다고 했다. 그러고 있으면 '글을 한 번 써 볼까?' 라는 마음이 들었단다. 그는 술을 마시는 것부터가 글을 쓰기 위한 의식이었다.

글을 쓰기 위한 리추얼(ritual, 의식)을 반복하면서 글쓰기를 루틴으로 만들면 글이 써진다. 내 상황을 그렇게 만들고, 끊임없이 그 과정을 되풀이하기만 하면 된다. 그 과정이 때론 무미건조하고, 지루하게 느껴지기도 한다. 루틴은 매일 반복하면서 만들어진다. 처음에는 익숙하지 않을지라도 10일, 15일, 30일이 지나고 60일이 넘어가면 자연스럽게 받아들일 수 있다.

'나'를 글을 쓰는 사람으로 재정의하고, 그것에 맞게 글쓰기 루틴을 매일 반복하는 것. 그것이 초고를 쓰는 예비 저자가 갖춰야 할 자세이다. 모든 것은 기본에서 시작된다고 하지 않았는가? 거창하지 않지만, 의식적으로 이어 나가는 것. 초고 완성은 지루함에서 나온다.

초고는 엉덩이로 시작하고 마인드로 끝내라

다수를 위한 글 vs 한 사람을 위한 글

"저는 누구나 다 읽을 수 있는 베스트셀러를 쓰고 싶어요."

책 쓰기 프로그램을 진행하며 상담할 때 가장 많이 듣는 말이다. 큰마음 먹고 책을 쓰려고 하니 많은 사람들에게 읽히는 책을 쓰고 싶은 욕심이 앞선다. 대중의 인기를 끌고 인정받은 책이 모두 다수의 독자를 생각하며 썼을까? 아니다. 그 책을 꼭 읽어야 하는 단 한 사람을 위해 썼다. 그런 독자들이 확산하고, 소개가 되면서 더 많은 사람들에게 읽히는 경우가 많다.

처음 책을 쓰려고 하는 분들이 가장 많이 저지르는 실수는 다수를 만족시키려고 한다는 점이다. 책 쓰기 코칭을 하면서 만났던 L 씨도 그랬다. 싱글 맘을 위한 책을 쓰겠다고 왔지만, 막상 수업을 진행하면서 욕심이 생겼는지 갑자기 타깃층을 바꾸겠다고 했다. 그 분께는 초고를 쓰는 단계에서 타깃층을 바꿔 버린다면 콘셉트를 바꿔야 하는 상황까지 올 수 있다고 말씀드렸다.

이분 외에도 처음 책을 쓰는 분들이 이런 실수를 한다. 이미 초고를 쓰기 시작한 상태에서 타깃 독자를 넓게 잡으면 모두를 위한 글을 쓸 수 있을 거로 생각한다. 그러려면 책의 콘셉트 자체가 흔들린다. 예상 독자 자체가 달라지기 때문에 글의 방향성을 잃어버린다. 다수의 독자를 잡으려다 한 사람도 만족시키지 못하는 글이 나올 수밖에 없다. 또한, 쓰는 사람 입장에서도 누구를 위해 쓰는 글인지 헷갈리기 때문에 결국 자기 혼자만 만족하는 글을 쓰게 된다.

책 쓰기를 할 때, 가장 먼저 고려해야 할 것은 '누가 내 책을 읽을 것인가?'다. 즉, 타깃 독자를 분명하게 정하는 것이다. 생각보다 많은 분들이 예상 독자를 고려하지 않고, 자신의 감성에 빠져 내가 보기에 좋은 글, 내가 보기에 중요한 글을 쓰려고 한다. 그러나 독자는 내 책을, 돈을 주고 산다. 왜 돈을 주고 살까? 책을 통해 얻고 싶은 것이 있기 때문이다. 처음 진입한 분야에 정보가 필요한 사람은 정보를 알기 위해 책을 살 것이고, 위로가 필요한 사람은 책을 통해 위로를 받기 위해 살 것이다. 막상 돈을 주고 산 책에서 독자가 원하는 것은 없고, 글쓴이의 입장과 상황만을 나열되었다면 어떤가? 책으로서의 가치가 상실되면서 외면당할 것이다.

책을 쓰면서 내 책을 읽어줄 독자에게 무엇을 제공할 것인지, 왜 그것을 알려주고 싶은지에 대한 고민을 해 보자. 예를 들어, 블로그 마케팅 책을 쓴다면 그 책을 읽을 독자는 보통 자영업자, 1인 기업, 회사의 마케팅 부서 직원일 것이다. 그중에 내가 쓸 마케팅 책은 연 매출 10억 이하의 소상공인과 마케팅을 공부해야 하는 직장인 정도로 생각하고 책을 써야 하는 것이다.

따라서 초고를 쓰기 시작했다면, 내 책을 읽어줄 타깃 독자를 떠 올리며

초고는 엉덩이로 시작하고 마인드로 끝내라

써야 한다. 그중에서도 내가 쓰고자 하는 책을 읽어야 하는 한 사람만 떠올리는 것이다. 내 책을 읽어야 할 독자를 멀리서 찾을 필요도 없다. 내 주변에서 찾아보자. 나와 비슷한 환경의 사람이지만, 아직 성장하지 못한 친구, 책을 쓰기 전 내가 고민했던 것을 똑같이 고민할 것 같은 후배. 내가 일하고 있는 분야의 문외한인 지인. 그 사람을 내 책을 읽어 줄 '단 한 명의 독자'로 생각하며 쓴다면 타깃 독자에 맞는 책을 쓸 수 있다.

한 명의 독자가 내 주변인이라면 어떻겠는가? 일단 부담 없다. 글에 힘을 주지 않아도 된다. 그 사람을 떠 올리면서 이야기를 해 준다는 느낌으로 쓰면 글도 입말에 가까워진다. 자연스럽게 말하듯 편안한 글을 쓸 수 있다.

책 쓰기 코칭을 하다 보면, 간혹 초고를 쓰는 단계에서 한 줄도 못 쓰겠다고 하소연하시는 분들이 계신다. 보통은 초고 쓰기에 부담을 느끼는 경우다. 잘 써야 한다는 부담. 꼭 베스트셀러가 되겠다는 욕심이 앞서면 오히려 초고 쓰기의 속도를 내는 것이 어렵다.

수업을 진행하면서 만난 S 씨가 초고 쓰기에 부담을 느끼는 분이었다. 수업이 끝나고, 혼자 원고를 쓰는 단계에서 진도가 나가지 않는다면 연락이 왔다. 그 분께 드린 해답도 의외로 간단하다.

"작가님, 이 책을 가장 먼저 누가 읽었으면 좋겠어요? 주변에서 찾아보세요."
"독서 모임 함께 하는 언니요."
"그럼, 그분을 위해 쓰세요."

초고의 진도가 잘 나가지 않아 고민했던 S 씨는 자신의 지인을 위한 책을 써 보겠다고 답한 후, 비로소 원고를 완성할 수 있었다. 눈에 보이지 않는 천명의 독자를 생각하면 그들이 나에게 원하는 것이 무엇인지 보이지 않는다. 오히려 그 천 명의 독자를 대변해 주는 단 사람의 뾰족한 타깃 독자가 궁금해하는 내용을 쓰는 것이 나머지 999명을 만족시킬 수 있는 책을 쓰는 방법이다.

또한, 타깃 독자를 생각할 때는 고려할 것이 있다. 구체적이어야 한다. 내책을 읽을 사람은 누구인가? 그들은 어떤 환경에 있는가? 어떤 어려움을 겪고있는가? 를 고민하며 구체적인 대상을 정하는 것이다. 예를 들어, 키워드가 '위로'라면 누구를 위해 위로를 할 것인가를 하는 것이다. 처음 사회에 나와 이리치이고, 저리 치이는 사회 초년생을 위로할 것인가? 육아하며 지친 0세~5세 엄마를 위로할 것인가? 50대 중년을 위로할 것인가? 타깃 독자를 좁혀 오직 그들을 위한 책을 써야 한다. 그래야 나의 타깃 독자가 고민하는 것이 보이고, 그들이 원하는 것을 쓸 수 있다.

또 하나 주의할 것이 있다. 독자를 두 명을 정하는 것이다. 입시를 준비하는 고등학생 부모를 둔 학부모를 위한 자녀 교육서를 쓰면서, 그 책을 자녀들도 읽었으면 좋겠다고 생각한다. 그러나 학부모가 원하는 것과, 입시를 앞둔 고등학생이 원하는 것은 다르다. 두 타깃층을 고려하다 둘 다 만족하지 못하는 책만 쓸 뿐이다. 하나의 타깃 독자만을 위한 글을 쓸 때, 더욱 깊이 있고, 그들의 마음을 어루만져주는 책을 쓸 수 있다.

책 쓰기 코칭을 하며 만난 M 씨도 자녀 교육서를 쓰면서 부모나 자녀 모두를 위한 책을 쓰겠다고 했다. 여러 번의 상담 끝에 '부모를 위한 자녀 교육서'로 타깃 층을 분명하게 정한 후 원고를 쓰게 했다. 덕분에 다섯 군데 넘는 유수한 출판사로부터 러브콜을 받고 계약할 수 있었다.

독자를 진심으로 생각하는 책, 독자에게 도움이 되고자 하는 마음은 한 사람의 독자로부터 탄생한다. 한 사람이라도 만족할 수 있는 원고를 써 보자. 그 책을 읽고 만족한 독자가 표본 집단이 되어 내 책을 다른 이에게 알려 줄 것이다.

초고는 엉덩이로 쓴다

책 쓰기는 어느 정도 '예술성'을 바탕으로 하지만, 온전히 순수 예술은 아니다. 오히려 종합예술에 가깝다. 책을 쓰기 위해서는 여러 가지 역량이 필요하다. 시대의 흐름을 파악하는 기획력, 콘텐츠를 위해 자료를 찾고 연구하는 공부력, 자신의 것으로 소화하여 새로운 콘텐츠로 만드는 창조성, 책을 홍보하고 판매하는 비즈니스 마인드까지. 이렇게 전혀 다른 분야를 연결하여 하나의 작품으로 만들어 내는 통합력이 요구된다.

다양한 영역을 넘나들며 책을 쓰지만, 예술의 한 분야라고 생각하며 '영감'만 기다리게 된다. 예비 저자들을 지도할 때마다 자주 듣는 말도 비슷한 오해로 인해 생긴다. "오늘은 글을 쓸 만한 적당한 영감이 떠오르지 않아요.", "머리가 잘 돌아가지 않는 느낌이에요." 책을 쓰는 일이 영감이 필요한 예술적인 일이거나, 머리를 쓰는 일이라고 지식 노동이라고 생각한다. 번뜩이는 아이디어가 나와서 혼이 나간 듯 글을 쓰는 일에 몰두할 수 있을 거라 여긴다.

기획 단계가 끝나서 초고를 쓰는 일은 거의 육체노동에 가까운 일이다. 글을 쓰려면 일단 자리에 앉아야 한다. 컴퓨터 키보드를 누르며 자기 생각을 한 자 한 자 글로 옮겨야 분량이 채워진다. 책이 될 만한 일정량의 원고를 채우려면 책을 쓰는 기간은 체력 관리도 해야 한다.

엉덩이가 가벼워 앉아서 글 쓰는 시간을 못 버티는 분들이 있다. 아쉽게도 집중할 시간을 만들지 못한다. 봄이 되면 꽃놀이도 가야 하고, 여기저기 모임이며 행사에 다 참석도 해야 한다. 열심히 일했으니, 중간에 여행이나 휴가도 가야 한다며 정작 앉아서 초고 쓸 시간은 없다. 초고를 쓰는 기간에는 주변의 소음을 닫고 오롯이 자신만의 시간을 만들어야 한다.

누구나 똑같이 주어지는 24시간 중에 초고를 쓸 시간을 만들지 못하면 결국 실패하게 된다. '다음에 써야지.', '이번 여행만 다녀와서 쓰자.', '오늘 딱 하루만 쉬자.'라는 생각이 3일이 되고, 7일이 되고, 한 달이 되면 초고 쓰기는 결국 없던 일이 되어 버린다. 사람의 열정은 오래 유지할 수 없다. 쓰고자 마음먹을 때 쓰지 않으면 처음에 책을 쓰려고 했던 마음마저 잊히는 경우가 많다.

가끔 수강생들과 소통하다 보면 유독 초고 진도가 안 나가는 분들을 만난다. 그분들과 이야기하면서 느낀 것은 초고에서 막히는 이유는 글쓰기의 문제가 아니었다. 책상에 앉아 글을 쓰는 시간이 절대적으로 부족한 거였다. 바쁘게 흘러가는 일상에서 하루 2시간 정도는 확보하고 초고를 써야 하는데, 주변 일이 많다. 초고를 쓰는 기간만이라도 만남이나 모임은 줄이고 오직 원고 쓰기에만 집중해야 한다.

다시 말해, 초고를 쓰겠다고 마음먹었다면 '원고 쓰기'를 1순위로 해야 한다. 그렇지 않으면 이런저런 핑계만 는다. 언젠가는 쓸 거로 생각하지만, 잘 생각해 보자. 우리가 '언젠가'라고 말했던 것 중에 실제로 행동했던 것이 얼마나 있는가? 거의 없다. 초고 쓰기도 마찬가지다. '쇠뿔도 단김에 빼라.'는 속담도 있지 않은가? 책을 쓰겠다는 열정이 있을 때, 단기간에 진도를 빼야 한다. 그러려면 어김없이 책상에 앉아야 한다.

공부하는 직업이 아닌 이상, 매일 일정 시간을 정해 책상에 앉아 글을 쓰는 일은 말처럼 쉬운 일은 아니다. 특히 대학교 시절 이후, 책상에 앉아 공부하는 일과는 먼 일을 해 왔다면 더욱 힘들 수 있다. 엉덩이를 붙이고 앉아 글을 쓰려면 여러 유혹을 뿌리쳐야 하기 때문이다. 마치 시험을 앞둔 아이가 게임도 하고 싶고, TV도 보고 싶은 마음을 잡고 공부에만 매진하는 거와 똑같다. 그런 유혹에 현혹되지 않고 자리에 앉아 공부하는 아이의 성적이 좋은 것은 당연하지 않겠는가?

책상에 진득하게 앉아 초고를 쓰기 위해서는 먼저 체력이 받쳐줘야 한다. 글을 쓰기 위해 철저하게 체력을 관리하는 예로 잘 알려진 일화로 무라카미 하루키가 있다. 무라카미 하루키는 매일 4시에 일어나 4~5시간 동안 글을 쓴다. 그 이후에는 달리기하면서 체력을 다진다. 한국의 대표적인 소설『엄마를 부탁해』, 『외딴방』 등 스테디셀러를 쓴 신경숙 소설가도 오랫동안 요가를 하며 글을 써 왔다. 그녀는 새벽 4시에 일어나 오전 9시까지 글을 쓰고, 그 후에는 요가로 체력을 관리한다.

초고는 이렇게 매일 일정 시간 집중해서 써야 한다. 그 때문에 무너지지 않는 체력은 필수다. 초고를 쓰는 동안 하루 30분이라도 걷거나 스트레칭을 하며 몸을 돌봐야 한다. 몸이 건강해야 정신도 건강하다는 것은 아무리 강조해도 지나치지 않다.

일단 책상에 오래 앉아 내리 글을 쓰기 위해서는 지구력도 필요하다. 초고 완성은 버티며 견디는 힘에서 나온다. 분명 초고를 쓰는 동안 잘 안 써질 때도 있을 것이고, 포기하고 싶은 순간도 온다.

수강생들과 이야기해 보면 그런 고충을 많이 말한다. "마음먹고 책상에 앉았는데 생각이 잘 나지 않아 석 줄도 못 썼다.", "오늘은 컨디션이 좋지 않아 진도를 못 나갔다." 그런 이야기를 들을 때마다, 나는 진도가 나가지 않는 날이 있더라도 똑같은 시간에 자리에 앉아 쓰는 습관을 들이라고 한다. 오늘 써지지 않는다고 내일 못 쓰는 것은 아니다. 써지는 날이든, 안 써지는 날이든 자리에 앉아 계속 글을 써 보려는 의지가 더 중요하다.

계속 책상에 앉아 무엇이든 써 보려고 하면 신기하게도 '영감'이 떠오르는 경험을 하게 된다. 영감이 떠올라 글을 쓰는 것이 아니라, 쓰려고 해야 글감이 생각난다. 특히 경험치가 충분한 40~50대는 이미 내면에 콘텐츠가 쌓여있다. 단지 그것을 글로 끄집어내지 않았을 뿐이다.

초고는 그동안 쌓아 왔던 자신의 경험과 자료조사를 바탕으로 알게 된 단단한 지식이나 사례를 글로 풀어내는 일이다. 고름이 가득한데, 그것을 짜 내지 않으면 어떻게 되겠는가? 곪아 터진다. 내 안에 있는 모든 것을 쏟아 보겠다는 마음으로 초고를 써야 한다.

만약 초고가 잘 써지지 않는 날이 있다면 어떻게 해야 할까? 그럴 땐 '자료 조사'를 더 하면 된다. 자료 조사를 하다 보면 다양한 지식 데이터를 접할 수 있기 때문에 생각나지 않던 글감이 떠오르기도 한다. 귀한 시간을 모두 자료 조사만 할 수 없기에 시간을 정하여 자료를 더 찾아본 후, 바로 글쓰기를 시작한다. 그런 시간이 쌓이다 보면, 어느새 한 달, 두 달, 석 달이 모여 초고 완성을 할 수 있다.

역사는 시간으로 만들어진다. 나의 이름을 남기는 책은 기획부터 시작하여 출간까지의 긴 시간으로 이루어진다. 출간의 열매를 맛보기 위해서는 초고를 써야 한다. 그러려면 어김없이 오늘도 책상에 앉아야 한다. 초고는 엉덩이로 쓴다. 엉덩이로 쓰지 않은 원고는 없다.

자기 검열과 슬럼프는 친구처럼 여겨라

가수 조용필. 그는 후배 가수들 사이에서 '가수'가 아닌 '가왕(歌王)'으로 불린다. '대중가요'라는 길을 꾸준하게 걸어왔다는 것. 그 자체만으로도 박수 받을만하다. 이처럼 한 길을 꾸준하게 걸어가는 사람들은 슬럼프가 없었을까? 자신의 노래가 예전 같지 못하다는 생각으로 자기 검열을 하지 않았을까? 그렇지 않을 거로 생각한다. 하나의 길을 꾸준하게 걸어갔다는 것은 끊임없이 찾아오는 자기검열을 이겨내고, 슬럼프를 극복했다는 의미이다.

대가도 그러한데, 책을 처음 쓰는 사람이라면 어떨까? 수없이 많은 심리적인 방어를 이겨내야 할 것이다. 막상 글을 쓰려고 앉았지만, 글이 잘 나오지 않은 것은 힘이 들어가서다. 잘 쓰려고 하는 마음은 오히려 글을 방해한다. 처음 책을 쓰는데, 자꾸 앞서간 사람들이 쓴 글과 비교를 하면서 글쓰기 자체를 어렵게 만든다. 우리가 보고 있는 완성된 책은 이미 여러 번의 수정을 거치고, 편집자의 손길로 만들어진 거다. 그들이 쓴 초고도 처음에는 별로였다. 세계적인 거장 어니스트 헤밍웨이도 "초고는 걸레다."라고 말했다. 그런 거장도 자신이 쓴 초고가 마음에 들지 않은데, 하물며 처음 쓰는 사람의 글은 어떻겠는가?

초고를 쓰면서 마주하는 다양한 문제 중 '자기검열'과 '슬럼프'가 있다. 긴 호흡으로 진행되는 만큼 머릿속이 복잡하다. 감정의 큰 기복 없이 매일 잘 써지면 좋겠지만, 현실은 그렇지 못하다.

자기검열은 말 그대로 자신이 쓴 글의 표현을 스스로 검열하는 것을 말한다. 흔히 '내글구려병'이라고 하여 내가 쓴 글만 못나 보이는 것이다. 책이 되어 아직 시중에 나오기도 전에, 스스로 판단하며 괴로워한다. 초고 쓰기 단계에서 수강생들에게 가장 많이 듣는 말도 자기검열로 인해서 하는 말이다.

"제 원고를 읽는데, 글이 별로인 것 같아요. 이런 글이 어떻게 책이 되겠어요?"

"내가 읽어도 재미가 없어요. 제가 글을 쓰는데 소질이 없는 걸까요?"

처음 책을 쓰면서 이런 마음이 수시로 올라온다. 그런 말을 들을 때마다 나는 이렇게 전한다. "작가님, 초고는 감 잡을 때까지는 글이 볼수록 별로예요. 그래도 계속 진도를 나가야 해요. 원고 다 쓰고 초반부에 쓴 글은 많이 수정할 거니, 걱정하지 마세요."

자기검열을 하는 이유는 앞서간 작가의 글과 비교하는 마음도 있지만, 자신의 원고에 대한 확신이 없기 때문이다. 또한, 초고를 쓰면 쓸수록 글을 보는 수준도 높아져 글을 판단하는 기준이 더 엄격해진다. 평소 같으면 넘어갈 수 있는 글도 '책을 내야 한다.'고 생각하니 더 못나 보이는 것이다. 책을 처음 쓰

초고는 엉덩이로 시작하고 마인드로 끝내라

는 사람이라면 누구나 이런 마음이 든다. 출간한 분들도 모두 그런 과정을 거쳤다는 것을 생각하면 위안이 될 것이다.

특히 자기검열은 초고를 꼼꼼하게 쓰고, 쓰면서 고치는 분들에게 많이 나타난다. 초고를 쓰다가 원고를 읽어보고, 다시 쓰다 보니 허물이 많이 보일 수밖에 없다. 반면, 초고를 쓰면서 이전 원고를 보지 않고, 계속 진도만 나가는 분들이 있다. 고치면서 초고를 쓰는 분들에 비해 자기검열이 덜 하지만, 이런 분들은 퇴고(고쳐쓰기) 과정에서 그러한 감정을 느낀다. 사람마다 성향이 다를 뿐이니 걱정하지 말자.

내 글을 보면서 '형편없다.'라는 생각이 밀려 올 때마다 '퇴고하면서 더 좋은 글로 만들자.'라는 마음을 가지는 것이 좋다. 자기검열에 심하게 빠지면 자신감을 잃어 초고 쓰기 진도가 나가지 않거나, 자칫 포기로 이어질 수 있다. 원고의 질은 양이 채워져야 하므로 갈수록 좋아진다는 생각으로 계속 앞으로 나아가야 한다.

자기검열 다음으로 초고 쓰기를 방해하는 것은 '슬럼프'다. 한 가지 일을 몰입하여 반복하다 보니 감정이 바닥으로 내려간다. 그러면 역량 발휘를 제대로 할 수 없다. 슬럼프는 특히 창조적인 활동을 할 때, 잠시 역량이나 능력이 감소할 때 생긴다고 알려져 있다.

초고를 쓰면 겪게 되는 슬럼프는 역시 누구나 겪는 현상이다. 초대형 베스트셀러 『말의 품격』을 쓴 이기주 작가도 그 책을 쓴 당시 글 감옥에 갇혀 한동안 글을 못 썼다는 일화가 있다. 이미 여러 권의 책을 쓴 작가들도 슬럼프를 겪으며, 책을 완성한다. 그러니 첫 책을 쓰는 사람들이 슬럼프를 겪는 것은 어쩌면 당연하다. 이렇게 누구나 겪는다는 것은 극복할 수 있다는 뜻이다. 그것을 이겨낸 사람들의 책이 이미 서점에 많기 때문이다. 슬럼프는 책 출간을 위해 겪는 일시적인 현상으로 받아들여야 한다. 현명하게 이겨낼 수 있다. 슬럼프를 극복하려면 어떻게 해야 할까?

첫째, 초심으로 돌아가 글을 쓰는 이유를 생각해 본다.

처음 책을 쓰고자 했을 때로 되돌려보자. 어땠는가? 도전한다는 자체에 가슴 떨렸을 것이다. 교보문고에 내 책이 전시된다는 생각만 해도 설레었다. 왜 그때는 책을 쓰고자 했는가? 책을 쓰고자 하는 목적이 사람마다 다르겠지만, 그때의 마음을 떠 올려야 한다. 어떤 이는 '내 이름으로 된 책 내기'라는 버킷리스트를 이루기 위함이었을 것이다. 또 다른 이는 강연가로 활동하고 싶어 책을 내고자 했을 것이다. 그 마음을 상기해 보자. 그 꿈을 이루기도 전에 슬럼프로 포기할 것인가? 그러기엔 아직 갈 길이 멀다.

둘째, 장소를 바꿔본다.

집에 있는 서재에서 원고를 썼다면, 주말을 활용하여 카페에서 책을 써 보자. 반대로 카페에서 책을 썼다면, 도서관이나 집에서 써 보는 거다. 초고를 쓰는 장소를 바꿔 보는 것만으로도 기분 전환이 된다. 자신의 기분을 계속 환기하려면 환경의 변화를 주는 것도 좋은 방법이 된다.

셋째, 글을 쓰는 시간대를 바꿔본다.

글을 쓰는 습관이 되지 않은 상태에서 슬럼프를 겪게 되면 원고 쓸 마음도 사라져 버린다. 슬럼프를 극복하기 위해 글을 쓰는 시간대도 변화를 줘 보자. 밤에 글을 썼다면, 새벽 시간으로 바꾸어 본다. 도저히 피곤해서 새벽에 일어날 수 없다면, 점심 먹고 30분, 퇴근 후 2시간. 이렇게 시간을 분배할 수도 있다. 자기 컨디션에 따라 다르니, 다양한 시간대에 글을 써 보며 집중이 잘 되는 시간을 찾아보자. 글 쓰는 시간대만 바꿔도 컨디션을 조절할 수 있다.

넷째, 휴식을 취하며 쓴다.

초고 쓰는 시간을 단축하기 위해 쉬는 시간 없이 글만 쓰면 과부하에 걸린다. 초고를 쓴다는 것은 육체노동이기도 하지만, 정신적 노동도 만만치 않다. 내가 아는 내용을, 머릿속을 통해 글로 표현되기 위해서는 끊임없이 생각해야 한다. 적절히 쉬면서 써야 머리도 잘 돌아간다. 슬럼프를 극복하기 위해서 적절하게 쉬는 시간을 안배하는 것도 방법이 된다. 아무 생각 없이 놀기, 산책하기, 영화 보기 등 생각을 멈추고 할 수 있는 것들을 찾아 무조건 쉬어야 한다.

다섯 번째, 3~4일 정도 글을 쓰지 않는다.

아무리 노력해도 글이 잘 써지지 않는 상황이 3일 이상 장기화가 된다면, 글쓰기를 잠시 멈춘다. 때론 그 환경에 떨어져 있는 것도 슬럼프를 이겨내는 방법이다. 우리가 휴가를 가는 이유와 같다. 근무 환경에서 떨어져 있다 보면, 나를 객관적으로 볼 수 있다. 또한 일에서 온전히 멀어지다 보면, 머리를 비울 수 있다. 완전히 비워내고 다시 시작할 힘을 준다. 그것이 휴가다.

이처럼 책을 쓰는 사람도 슬럼프가 장기화한다면 초고 쓰기에서부터의 휴가를 줘야 한다. 완전히 비우고 다시 돌아와 쓸 만한 에너지가 생길 때 쓰면 된다. 단, 멈춘 기간이 일주일 이상 길지 않아야 한다. 글쓰기가 아직 익숙해지기 전에, 감을 잃어버릴 수 있기 때문이다. 다시 돌아와서 쓰고 싶다는 느낌이 들 만큼만 쉬고, 다시 초고를 써야 한다.

슬럼프가 찾아왔다는 것은 잘하고 있다는 뜻이다. 열심히 했다는 방증이다. 아무 생각 없이 편하게 살면 슬럼프도 오지 않는다. 더 잘하려 하는 사람에게 한 번 숨을 고르고, 나아가자고 오는 것이 진정한 슬럼프다.

잊을만하면 한 번씩 찾아와, 안부를 전하는 친구가 있는가? 친한 친구의 안부는 살아가면서 큰 힘이 된다. 옛 추억을 되살려 준다. 나에게 삶을 살아갈 큰 위안이기도 하다. '세상 살만한 가치가 있구나.'라는 생각도 들게 한다. 초고를 쓰며 찾아오는 '자기검열'과' 슬럼프'를 그런 친구로 여기자. 책을 쓰겠다는 초심을 떠 올리게 도와준다. 다시 앞으로 나아가라는 채찍질을 하기도 하고, "잘하고 있다."며 응원도 한다. 그들을 친한 친구로 여길 때, 나 또한 한 번 더 성장할 것이다.

고쳐 쓰고, 또 고쳐 쓰기를 반복재생 하라

거의 매달 책 쓰기 특강을 진행하고 있다. 많은 사람들을 만나고 그들과 이야기하며 완벽주의 성향이 있는 분들이 오히려 책을 못 쓴다는 걸 발견했다. 분명 그중에는 회사에서 리더인 분도 계시고, 전문직, 사업체를 운영하는 분도 계신다. 자신이 이루어 놓은 커리어의 성과가 충분함에도 책 쓰기를 망설이는 이유는 처음부터 완벽한 작품을 쓰려고 하기 때문이다. 그런 분들에게 나는 확실하게 말한다.

"타고난 사람은 없습니다. 모르니까 배우러 오셨죠. 배우면서 알아 가면 됩니다."

우리가 쓰려고 하는 책은 대중서다. 책을 쓰고, 경시대회에 나갈 것도 아니고 책 한 권으로 교수 임용시험에 합격하는 것도 아니다. 내가 하고 싶은 이야기를 대중들의 눈높이에서 글로 풀어가는 과정일 뿐이다. 쓰다가 부족함을 느끼면 공부하면서 쓰면 된다.

많은 사람들이 모든 것을 통달한 후에야 책을 쓸 수 있다고 생각한다. 물론 그런 경우도 있지만, 쓰면서 공부하는 경우가 더 많다. 내가 알았다고 생각한 지식을 글로 풀어내는 과정에서 더 확고한 근거를 찾기 위해 공부를 해야 하기 때문이다. 그래서 보통은 책을 쓰면서 나의 전문성이 더욱 강화된다. 책을 쓴다는 의미는 이제까지 내가 경험하면서 알게 된 경험지식에 이론 지식을 더해 대중들이 이해하기 쉽게 알려주는 과정이기 때문이다. 책을 쓰다 보면 경험에서 얻은 지식을 정리할 수 있다. 그뿐만 아니라, 그런 경험 지식을 뒷받침해 줄 수 있는 다양한 자료를 찾으면서 경험 지식에 이론 지식을 더하며 자신만의 견해가 생긴다. 진정한 공부다.

　문장력이나 표현력이 부족하여 책을 쓸 자격이 없다고 생각하는 분들도 미리 걱정할 필요 없다. 책을 쓰고 난 후, 부족한 부분은 여러 번 고쳐 쓰면서 수정 과정을 거친다. 퇴고는 초고를 다듬어 가는 것으로 내용이 부족하면 보완하고, 문장은 더 좋은 표현으로 바꾸면서 이루어진다.

　우리가 시중에서 보는 책은 이렇게 여러 번의 퇴고 과정을 거쳐 나온 것이기에 완성도가 높다. 초고는 잘 다듬어지지 않을 원석일 뿐, 다이아몬드가 되기 위해 여러 가공 작업을 거쳐야 한다. 이런 과정을 거치기 때문에 초고부터 완벽한 작품에 대한 부담은 내려놓는 것이 좋다. 부족하면 부족한 대로 초고를 쓰고, 그 이후에 여러 번의 퇴고를 거쳐 더욱 완성도 높은 책으로 만들어가는 것이 좋은 작품을 만들어가는 길이다.

　좋은 글은 여러 번의 퇴고 과정으로 만들어진다. 내가 글쓰기 초보라 할지라도 책은 쓸 수 있다. 블로그처럼 공개 채널에 몇 년씩 쓴 사람보다, 한 번 책을 쓰면서 여러 번의 퇴고 과정을 경험한 사람의 글이 훨씬 좋다. 공개 채널은 한두 번의 수정 과정을 거친 후, 발행한다. 반면 책 쓰기는 최소 5번 이상은 고쳐 쓰기를 거치기 때문에 그사이 글쓰기 실력이 일취월장한다. 글은 고쳐 쓰면 쓸수록 더욱 좋아지기 때문이다. 퇴고는 글쓰기의 핵심 중 하나라고 할 수 있다. 보통 퇴고는 6단계 정도를 거쳐 이루어진다.

1단계: 전체 글을 훑어보는 단계

초고가 완성되면 전체 원고를 한번 읽어 보자. 숲을 보는 단계로 완성된 글을 읽으면서 전제적인 방향이나 구상이 생각대로 진행되었는지 살핀다. 이 단계에서는 마치 독자가 되어 책을 읽듯이 객관적인 시각으로 읽어야 한다. 초고를 쓰다 보면, 자기 생각에 갇히기 때문에 같은 말을 반복하거나, 사례가 중복될 수 있다. 전체 원고를 읽으면서 중복되는 사례가 없는지 먼저 체크를 하자.

2단계: 챕터별 3번씩 꼼꼼하게 확인하기

두 번째 단계는 챕터별로 여러 번 읽으면서 챕터의 구성이나 내용을 살피는 단계이다. 챕터별로 살펴볼 때 가장 먼저 내가 쓴 내용이 제목과 부합되는 내용인지를 확인한다. 초고를 쓰다 보면 제목과 다른 내용을 전개되는 일이 발생할 수 있다. 챕터별 퇴고 단계에서는 내가 쓴 내용이 제목과 잘 어울리는지 확인해야 한다. 제목과 잘 맞지 않다면 내용을 바꾸거나, 내용에 맞게 챕터 제목을 변경해야 한다.

그다음 읽을 때는 문단과 글의 비중을 살펴보자. 가독성이 좋게 문단이 잘 나누어져 있는지, 글의 비중이 크거나 적지 않은지를 살펴야 한다. 문단은 한 문단에 15줄 이상 길게 쓰였다면 적절한 곳에서 문단 나누기를 해야 한다. 긴 문단은 독자의 입장에서 피로감을 느끼게 하고 잘 읽히지 않는다. 글의 분량이나 비중도 중요하다. 글의 분량은 각 챕터별로 비슷하게 진행되어야 글을 읽는 호흡이 적당하다. 각 챕터 당 A4 기준으로 2페이지~2페이지 반 분량으로 쓰였는지 확인한다.

마지막으로 한 번 더 읽을 때는 문장을 살핀다. 문장이 쉽게 표현되었는지, 잘못된 문장은 없는지를 살피는 과정이다. 이 단계에서 헷갈리는 문장이 있다면 낭독하면서 읽어봐야 한다. 문장을 말로 했을 때, 걸리는 부분이 있다면 말과 가까운 문장으로 수정해야 한다.

3단계: 맞춤법과 띄어쓰기 확인하기

챕터별 내용과 문단, 문장의 확인이 끝났다면 맞춤법과 띄어쓰기를 확인하자. 한자나 영어의 표현 중 틀리게 표기한 것은 없는지 쉼표나 마침표, 가운뎃점은 적절하게 잘 쓰였는지, 맞춤법은 표준어에 맞게 썼는지 꼼꼼하게 살펴야 한다.

4단계: 업그레이드 원고 단계

맞춤법과 띄어쓰기까지 확인했다면, 다시 읽으면서 원고를 업그레이드할 단계이다. 처음부터 끝까지 책을 읽듯 읽으면서 중복 사례가 있는지 확인해야 한다. 이 단계에서 아쉽거나, 부족하다고 생각하는 사례나 자료가 있다면 교체하면서 조금 더 풍성하게 원고를 작성한다.

5단계: 피드백 단계

퇴고까지 완성된 원고는 가족이나 지인에게 보여주자. 가족이나 지인은 내 원고를 독자의 시선으로 바라보기 때문에 내가 미처 발견하지 못한 부분을 발견할 수 있다. 또한, 그들이 읽어서 이해되지 않는 부분이 있다면 문장을 더 쉽게 수정해야 한다. 좋은 책은 중학생 2학년 정도 수준의 청소년이 읽어도 이해가 될 수 있을 정도의 수준으로 쓴 책임을 잊지 말자.

6단계: 인쇄하여 원고 다시 보기

마지막으로 인쇄하여 종이로 원고를 보는 단계이다. 컴퓨터로 작업하고, 수정을 했기 때문에 종이로 봤을 때와는 다른 느낌이다. 또한, 화면에서는 발견하지 못했지만, 종이로 봤을 때 보이는 오류도 있다. 따라서 마지막으로 전체 원고를 인쇄하여 종이로 확인하자. 사소한 것이라도 오류를 발견하면 수정한다.

이렇게 6단계를 거쳐 수정하면 웬만한 내용이나 문장의 오류를 잡을 수 있다. 위의 6단계만 착실하게 따라 해도 초고에 비해 훨씬 업그레이드된 원고로 탈바꿈할 수 있다.

글쓰기 비법은 무엇일까? 다독(多讀), 다작(多作), 다상량(多相量)이다. 글을 쓰는 사람치고 이를 반박하는 사람은 없다. 여기에 하나 더 붙이고 싶다. 많이 고쳐 쓰기. 고쳐 쓰기를 많이 하면 할수록 글도 좋아지고, 글쓰기 실력 향상에도 도움이 된다. 사람은 평소의 말 습관대로 글을 쓰기 때문에 자신의 허물을 객관적으로 볼 일이 거의 없다. 고쳐 쓰기는 자신이 쓴 글의 민낯을 보는 일이다. 민낯을 봐야 무엇이 잘못되었는지를 파악할 수 있다. 그러면서 자기의 글도 좋아진다. 일거양득의 고쳐 쓰기! 게을리 할 이유가 없다.

책 쓰기 수업
시크릿 노트 4

출판 종류가 궁금해요

시대의 변화에 맞춰 출판할 수 있는 창구도 넓어졌다. 전통적인 방법부터 펀딩까지 다양한 방법으로 출간할 수 있다. 먼저 출판의 종류를 알아보자.

1. 기획 출판

가장 전통적인 방법이다. 저자가 원고를 완성한 후, 투고를 통해 계약이 진행된다. 출판사가 제작비용을 감당하고, 제작과 유통, 홍보, 마케팅에 관여한다. 투고 후 계약률 0.01%로 다소 문턱이 높은 것이 단점이다. 그러나 제작비용을 출판사에서 감당하기 때문에 원고만 잘 쓸 수 있다면 저자가 부담하는 비용은 없다. 저자와 출판사가 동시에 홍보하기 때문에 마케팅 측면에서 유리하다.

2.자비 출판

저자가 출판 제작비용을 부담하여 책을 출간하는 출판 방법이다. 출판사에 의뢰하면, 기획부터 제작, 홍보, 마케팅 등 일련의 과정을 도와준다. 그러나 이 모든 비용은 저자가 부담해야 한다. 적게는 수백, 많게는 수천만의 제작비용을 감당할 수 있는 분들에게 적합한 방법이다.

3. P.O.D(publish on demand)

주문형 도서 출판이다. 셀프 출판, 자가 출판, DIY 형 출판 등으로 불리기도 한다. 이 또한 저자가 제작비용을 부담한다. 자비 출판과 다른 점은 선주문후, 인쇄하기 때문에 배송이 오래 걸린다. 또한, 출판사 심사를 받아야 가능하다.

1) 부크크: 대표적인 P.O.D 출판을 담당하는 유통 플랫폼이다. 저자가 직접 해당 사이트에서 5단계 출판 프로세스를 거쳐 출간할 수 있다. 플랫폼에서 제시해 주는 대로 진행하면 자가 출판을 할 수 있다. 고객이 주문과 동시에 인쇄하여 배송한다.

도서 형태(종이책) → 원고 등록 → 표지디자인 → 가격정책 → 최종 확인

2) 북 랩: 기획출판을 하는 출판사지만 P.O.D 서비스를 제공하고 있다. 완성된 원고만 있다면 출판을 비교적 쉽게 할 수 있다.

교정 교열 → 표지·본문 디자인 → 인쇄 제작 → 배본 및 유통까지 모든 출판 과정을 원스탑 출판 패키지로 도와주는 곳이다. 도서 판매내역 역시 홈페이지를 통해 확인할 수 있다.

4. 전자책

기획출판이 부담되는 경우, 전자책으로 먼저 시도해 볼 수 있다. 재고나 판매에 대한 부담이 없어, 첫 진입이 수월하다.

1) 유 페이퍼: 전자책 출판 유통 플랫폼이다. 회원 가입 후, 간단한 절차에 따라 전자책을 등록할 수 있다. 책의 주제 또한 제한이 없어 다양한 주제로 책을 쓰고 등록이 가능하다.

2) 작가와: 전자책 출판 유통 플랫폼 중 하나다, 무료 표지 디자인 서비스부터 교보문고 입고까지 할 수 있다. 종이책이 필요하다면 소량 제작도 신청할 수 있다. 종이책 제작은 유료로 진행된다.

최근 출판계에도 다양한 종류의 출판 방법이 등장했다. 처음부터 기획출판이 부담된다면, 여러 방법을 적극 활용해 보자.

이제 초고 쓰기의 첫걸음이 시작되었습니다.
초고 집필 계획을 적어보세요.

1. 초고 마감 선포일

_____

_____

2. 초고와 퇴고 계획표

1	자료 수집 기간	
2	초고 집필 기간	
3	퇴고 기간	
4	투고	

LESSON
5

＝

출판사가
탐내는
포트폴리오를
준비하라

＝

출간 기획서 세 장으로 승부하라

초고 완성까지 했다면 어려운 고비를 잘 넘어온 셈이다. 출간이라는 결승점이 눈앞까지 와 있다. 일반적으로 출간을 출산과 비교하는데, 맞다. 출간의 전 과정은 출산을 앞둔 산모가 겪는 과정과 비슷하다. 초고를 완성하는 순간이 아이를 뱃속에서 키우는 단계라면, 출판사 피칭은 산부인과를 알아보는 단계이다. 이제 출판사의 컨택을 받는 단계가 남았다. 기쁜 마음으로 내 인생의 첫 책이 세상에 나올 준비만 하면 된다.

출간 기획서는 말 그대로 내 원고의 기획 의도와 콘셉트에 관해 쓴 글이다. 원고에 대해 핵심 내용을 명료하게 적을 수 있어야 한다. 그래야 출판사는 내 원고가 어떤 의도에서 쓰였는지 파악할 수 있다. 한마디로 내 원고를 파는 글이다.

출간 기획서는 출판사와의 계약을 결정짓는 일등 공신이라고 해도 과언이 아니다. 몇 달간 공들여 쓴 원고를 몇 장의 기획서로 어필해야 한다. 원래

긴 글을 쓰는 것보다 짧을 글을 쓰는 것이 더 어렵다. 100페이지가량의 원고를 단 몇 장의 기획서로 표현하는 것도 쉬운 일은 아니다. 내 원고의 장점이 잘 드러나야 출판사에서 관심을 가지기 때문이다.

하루에 출판사 이메일로 투고되는 원고가 몇 건이라고 생각하는가? 50건? 100건? 출판사마다 다르긴 하지만, 유명 출판사인 경우 200건 정도가 쏟아진다고 한다. 출판사 대표나 편집장들과 미팅을 통해서 알게 되었는데, 나 역시 놀랐다. 이렇게 책을 많이 읽지 않은 시대에, 아이러니하게 내 이름으로 된 책을 내고 싶어 하는 사람들은 많다. 출판사는 여느 직장과 똑같이 월요일부터 금요일까지 일을 하니, 하루 200건씩 일주일이면 1,000건의 원고가 출판사로 보내진다.

그럼 또 하나의 의문이 남는다. 출판사는 1,000건의 원고를 다 검토할까? 물리적인 시간상 불가능한 일이다. 투고 온 원고 중에서 그들의 관심을 끈 원고만이 검토 대상이 된다. 역으로 말하면 그들이 눈길조차 주지 않는 원고도 있다. 관심조차 끌지 못한 가제목을 쓴 원고, 제목이 참신하여 기획서를 봤지만, 핵심 파악이 어려운 원고는 검토 대상이 아니다. 기획서부터 출판사의 호기심을 끌지 못했는데, 100페이지가량의 원고를 꼼꼼히 읽을 확률은 거의 없다.

매력적인 출간 기획서는 내 인생의 첫 책이 세상으로 나오기 위해 꼭 필요하다. 이만큼 중요한 글이므로, 나 역시 책 쓰기 코칭을 하며 가장 심혈을 기울이고 있다. 수강생분들이 써 온 기획서를 먼저 검토하고, 수정 과정을 거쳐 출판사로 보낸다. 잘 쓴 출간 기획서는 처음 책을 쓰는 분도 여러 군데 출판사의 러브콜을 받게 하는 일등 공신이다. 실제로 출간 기획서 코칭을 하면 '이 기획서는 여러 군데 연락 오겠다.'라는 감이 오기도 한다. 그러면 어김없이 다섯~열 군데 정도의 출판사에서 연락이 온다.

반대로 출간 기획서가 허술하다면 출판사의 연락을 기대하기 어렵다. 몇 해 전, 한 독자로부터 출간 기획서 검토를 의뢰받은 적이 있다. 그는 1년간 공 들여 쓴 원고와 함께 출간 기획서를 출판사에 보냈는데, 3개월이 지나도록 연락이 없다고 했다. 출판사 몇 군데에 보냈냐는 질문에 무려 300군데를 보냈다는 말도 전했다. 300군데 출판사를 찾아보는 데에도 적지 않은 시간과 에너지가 투자되었는데도 결과는 좋지 않았다.

그 이유는 무엇일까? 출간 기획서가 출판사의 관심을 받지 못했기 때문이다. 대다수는 이메일조차 보지 않았을 것이고, 봤다하더라도 원고 검토까지 이어지지 않았을 것이다. 그분은 3개월 동안 가슴앓이를 한 후, 용기를 내어 내게 출간 기획서 검토 요청을 한 것이었다.

그분의 출간 기획서를 살펴보고, 한눈에 출판사의 러브콜로 이어지지 않은 이유를 알 수 있었다. 우선, 자기 원고를 설명하는 글로만 나열하여 매력적이지 않았다. 또한, 이미 나와 있는 기존의 도서와 비교하여 어떤 경쟁력이 있는지도 파악하기 어려웠다. 가장 중요한 것은 독자층이 명확하지 않았다. 한마디로 내가 출판사 대표라도 쉽게 계약하자고 할 수 있는 기획서가 아니었다. 의뢰하신 분께 위와 같이 설명한 후, 기획서의 방향을 잘 잡아 드렸다.

똑같은 원고라 할지라도 출간 기획서를 어떻게 쓰느냐에 따라 계약의 성패는 달라질 수 있다. 기획서 하나만 잘 써도 출판사의 러브콜을 받으며 즐거운 마음으로 계약할 수도 있지만, 반대로 연락 하나 없어 속앓이해야 하는 경우도 생긴다.

출간 기획서는 러브레터처럼 써야 한다. 사랑하는 연인에게 열렬히 사랑을 구애하는 러브레터를 쓰는데 어떻게 쓰겠는가? 자신의 매력 어필 없이 사랑을 쟁취할 수는 없다. 출간 기획서도 마찬가지다. 내가 쓴 원고가 충분히 시장에서 팔릴만한 원고라는 것을 강조해야 한다. 그래야 출판사에서도 시장성이 있다고 판단하여 기획서를 검토할 것이다. 그렇다면 출판사가 관심을 두고 매력을 느끼는 출간 기획서는 어떻게 써야 할까?

1. 핵심이 잘 드러나게 써야 한다.

출간 기획서는 내가 말하고자 하는 메시지가 분명히 드러나야 한다. 간혹 출간 기획서에 구구절절 살아온 이야기를 나열하는 분들이 있다. 혹은 중언부언 무슨 말을 하는지 잘 드러나지 않게 쓰기도 한다. 출간 기획서는 단 3~5장 정도로 자신이 쓴 책에 대해 명확하게 설명해 주는 글이다. 누가 읽어도 나는 어떤 사람이고, 내가 왜 이 책을 썼는지 분명히 드러나야 한다.

2. 과장하지 말고 솔직하게 써야 한다.

가끔 출간 기획서의 저자 이력을 쓸 때, 과장하여 쓰는 경우를 본다. '전문가'라는 칭호를 붙이기에는 아직 부족한데, 전문가로 자신을 포장하거나 경력을 부풀리기도 한다. 출간 기획서를 검토하는 사람은 출판사의 베테랑이다. 그들도 부풀린 이력을 한눈에 알아차린다. 출간 기획서는 사실적인 내용을 토대로 솔직하게 써야 한다.

3. 가치를 어필해야 한다.

내 원고의 강점이 어필되어야 한다. 출판사 입장에서 내 원고에 투자하여 출간될 경우, 어떤 이점이 있는지 알려준다면 어떨까? 매력을 느낀다. 내가 쓴 원고는 어떤 가치가 있는지 강하게 어필해 보자.

위에서 보는 바와 같이, 앞에서 제시했던 방향이 모두 출간 기획서의 내용과 맞닿아 있다. 결국 첫 단추를 잘 끼우는 것이 출간 기획서 작성까지 이어진다. 처음 어떤 책을 쓸 것인가를 고민하는 단계부터 경쟁력 있는 출간 기획서의 방향성이 나온다는 말이다.

출판 계약은 출간 기획서 단 몇 장으로 승부를 봐야 하는 게임이다. 총알을 준비했다면 그에 맞는 총을 준비하는 것이 출간 기획서다. 나는 내 원고를 어떻게 어필할 것인가? 이성에게 사랑을 구애하는 사랑꾼이 되어 출간 기획서를 완성해 보자.

출간 기획서 샘플

제목	
기획의도	
책의 주제	
주요 독자	
유사도서	
목차	
홍보방안	

연락하고 싶은 매력적인 저자 프로필

과거에 비해 책 쓰기가 많이 대중화됐다. 소셜 미디어의 발달로 특정 계층만 알던 책 쓰는 방법이 다양한 채널에서 공유된다. 성공한 사람이나 전문직의 전유물이라고 여겼던 책 쓰기가 이렇게 일반인들도 관심을 두게 된 것은 사회적 변화가 한몫한다.

그 첫 번째 이유는 SNS 발달 때문이다. 자신을 홍보할 수 있는 채널이 많아지면서 퍼스널브랜딩이 과거보다 쉬워졌다. SNS에서 인지도를 쌓은 후, 책을 쓰면서 자신의 입지를 굳히려는 사람들이 많아졌다. 또 다른 이유는 책 쓰기를 가르쳐주는 교육기관이 다양해졌다. 10년 전만 하더라도 책 쓰기에 관심 있는 사람들이 많지도 않았지만, 전문적인 교육기관을 찾기도 어려웠다. 지금은 아니다. 책 쓰기 코칭을 전문적으로 하는 저자들이 생겼고, 출판사에서 진행하는 수업도 있다. 그만큼 사람들의 관심이 커졌다는 방증이기도 하다. 덕분에 출간 작가의 꿈을 실현하는 일이 이전보다 수월하다.

일생에 한 번은 당신만의 책을 써라

책 쓰기에 도전하는 사람이 많아졌지만, 큰 벽을 느끼는 분들도 여전히 많다. 그 이유를 물어보면, 책을 쓸 만큼의 자격이 안 된다고 말한다. 다시 말해, 저자 프로필이 부족하다는 뜻이다. 부족한 프로필은 언제 채울 수 있을까? 대기업을 예로 들자면, 과장은 부장에 비해 부족한 스펙이고, 부장은 임원에 비해 부족하다. 그러면 과장과 부장은 프로필이 부족하기 때문에 책을 쓰면 안 될까? 그렇지 않다. 지금 있는 자리에서 쓰면 된다. 저자 프로필이 부족하다고 생각된다면 그 프로필에 맞는 책을 쓴다면 경쟁력이 있다.

『서울 자가에 대기업 다니는 김 부장 이야기』는 출간 직후, 드라마 원작과 웹툰 제작이 확정됐다. 이 책을 쓴 저자는 누구일까? 한 대기업에서 일하는 과장이다. 저자의 이름은 송희구씨. 만약 송희구씨가 '나는 과장밖에 안 되기 때문에 책을 못 써.'라는 프레임에 빠졌더라면 이 책은 세상에 나오지 못했다. 그는 오히려 과장 직급을 앞세웠다. 대한민국에서 기업의 과장이나 부장으로 일하는 사람들은 그의 책에 많은 공감을 했을 것이다. 아니나 다를까 이 책은 많은 직장인들의 호응을 받으며 흥행에도 성공했다.

그는 어떻게 저자 프로필을 강조했을까? 그렇다. 자신이 한 대기업에 다니는 '김 과장'임을 강조했다. 단순히 직급을 내 세운 것이 아니라, 책의 콘셉트에 맞게 자신만의 스토리를 소개한 것이다. 이 책의 저자 송희구씨의 저자 프로필을 살펴보자.

<저자 소개 예시 1>

송희구

- 대한민국 평범한 직장인, 11년 차 과장이다.

- 삼겹살, 계란말이, 햄버거, 옥수수수염차를 좋아한다.

- 매일 4시 30분에 일어나 한 시간씩 글을 써서 온라인에 올린 것이 화제가 되어 책을 출판하게 되었고, 최근에는 김 부장 이야기의 드라마 각본 작업을 하고 있다.

- 70세가 되도록 밤늦게 일하는 아버지를 보고 45세 이전에 '일'로부터 자유로워지고자 독서와 투자를 시작했다. 본인의 미래 모습일지도 모를 김 부장과 과거 모습인 정 대리, 권 사원을 통해 삶의 존엄성, 직장의 의미, 경제적 안정, 내면의 목소리, 가족과 친구의 소중함에 대해 들려주고자 한다.

[출처: 서울 자가에 대기업 다니는 김부장 이야기/송희구]

프로필만 보면 평범한 직장인이지만 인간적이고, 매력적이라는 생각이 든다. 반대로 이 저자의 프로필이 아래와 같다면 어떻겠는가?

<저자 소개 예시 2>

- S 대기업 마케팅 부서 과장

- 2020~2023년: 해외 총괄 부서 근무

- 2018~2022년: 국내 영업 부서 근무

- 2014~2017년: 마케팅 지원 부서 근무

똑같은 사람이라는 가정하에 바라보자. 어떤 소개가 더 호감 가는가? 첫 번째 프로필이다. 첫 번째 프로필이 특별한 사람이라고 생각하는가? 괄목할 만한 성공을 이룬 성공자라고 생각하는가? 보시다시피 아니다.

이렇게 똑같은 사람이라 할지라도, 저자 프로필을 쓸 때는 누가 봐도 매력적으로 써야 한다. 단순히 저자가 어떤 일을 했는지 나열하는 식이 되어서는 안 된다. 저자에 대해 아무것도 모르는 사람이 봐도 호기심이 생기거나, 관심 가는 프로필을 써야 한다. 그래야 출판사도 저자에게 매력을 느낀다.

저자 프로필은 개성 있고 남과는 다르게 써야 한다. 똑같은 스펙을 가진 저자라도, 자신이 가진 스토리가 돋보이게 쓴다. 책을 쓰는 사람은 그동안 쌓아왔던 화려한 경력보다 독특한 스토리를 가진 스토리 스펙이 뛰어난 사람이 오히려 경쟁력 있다.

또한 자신의 성과를 중심으로 돋보이는 프로필을 쓰고 싶다면 성과가 돋보이도록 이야기하는 형식이 출판사의 관심을 끌 수 있다. 아래는 경력을 스토리 형식으로 쓴 저자 프로필의 예시이다.

『본질 육아』지나영

대구 가톨릭 의과대학 졸업 후 미국에서 의사국가고시를 최상위 성적으로 통과했다.

하버드 의과대학 뇌 영상연구소를 거쳐 노스캐롤라이나 의과대학에서 정신과 레지던트와 소아정신과 펠로우 과정을 이수했다. 그 뒤 존스 홉킨스 의과대학과 그 연계 병원인 케네디 크리거 인스티튜트에 소아정신과 교수진으로 합류했다. 성공 가도를 달리는 와중에 찾아온 난치병을 자율신경계 장애와 만성피로증후군에도 굴하지 않고, ADHD 성향의 장점을 살려 의사와 교수의 역할을 해나가고 있다.

[출처: 본질육아/지나영]

위의 지나영 저자 프로필처럼 그녀의 화려한 경력이 스토리 형식으로 잘 표현되어 있다. 경력만을 나열한 프로필보다 훨씬 호감 간다. 누가 봐도 탄탄하게 쌓아온 경력이지만, 부드러운 어감으로 서술하여 전문성에 대한 신뢰와 공감을 동시에 얻었다. 이런 프로필을 본 출판사는 어떻겠는가? 독자분이 느끼는 감정과 똑같다.

출판사에서 출판 계약을 결정할 때, 저자 프로필을 유심히 살펴본다. 책의 콘셉트와 어울릴만한 사람인가에 대한 평가하기 위해서다. 더불어 매력적이고 호감 가는 사람이라면 누구라도 같이 일하고 싶은 사람이 될 것이다.

나를 홍보해야 하는 이 시대에 맞게 '나'를 어떻게 매력적으로 어필할 것인가? 그런 고민에서부터 저자 프로필을 서술해야 한다. 군더더기 없이 저자

의 경력과 스토리가 겸비된 프로필을 작성해 보자. 두고두고 기억할 만한 매력

적인 문장으로.

출판사가 알아서 러브콜을 보내는 원고란?

'비범하다'라는 말이 있다. 사전적 의미로 비범하다는 평균 이상으로 '뛰어나다'로 정의한다. 개인적으로 비범이라는 단어가 주는 느낌이 좋다. '평범하지 않다. 뛰어나다. 범상치 않다.'는 뜻으로 받아들여지기 때문이다. 이런 긍정적인 어감의 어휘지만 이 단어를 부담스럽게 생각할 수도 있다. 평범하지 않다는 것이 꼭 범접할 수 없는 '어나덜 레벨(Another Level)'이 될 필요는 없다.

누구나 태어나면서 한두 개의 재능이나 강점을 갖고 태어난다. 단지 살아가면서 그것을 발견하지 못하거나, 나의 뛰어난 점을 인식하지 못할 뿐이다. 타고났거나, 혹은 살면서 알게 된 나의 강점을 살리는 것이 비범함으로 가는 길이다.

책 쓰기 수업을 진행하며 30년간 한 직장에서 근무하여 큰 굴곡 없이 살았다는 분을 만난 적 있다. 그 분은 글쓰기에 흥미가 있었다. 책을 쓰고 싶지만, 도저히 용기가 안 난다며 걱정했다. 그녀의 말처럼 이야기를 들어보니 여는 자기계발서에 볼 수 있는 변곡점이 있는 삶은 아니었다. 어떻게 보면 대한민국에서 30년간 직장 생활을 한 사람이라며 겪는 평범한 삶처럼 보였다. 말 그대로 비범한 삶은 아니기에 책을 쓰면 안 되는 걸까? 그렇지 않다. 평범하게 보이는 삶도 잘 들여다보면 남과 다른 점을 발견할 수 있다.

내가 그분의 이야기를 들으면서 알게 된 비범함은 '한 직장을 30년간 다닌 진득함'이었다. 보통 인내심 있는 성격이 아닌 이상, 한 직장에서 무탈하게 오래 버틸 수 없다. 게다가 그분이 다니고 있던 회사는 공기업이나 공무 조직이 아닌 사기업이었다. 보통 사기업 평균 정년이 49.9세라고 한다. 그보다 훨씬 오래 회사 생활을 하고 있다는 것은 평균 이상의 업무 능력을 갖추었다는 말이다. 업무 역량뿐만 아니라 큰 트러블 없이 사람들과 관계를 맺을 줄 아는 인간관계 능력까지 겸비했다는 뜻이다. 인간관계 능력은 또 공감 능력과도 연관되어 있다. 그분의 이러한 비범한 능력을 살려 에세이를 기획해 주었고, 그 책은 '평범해서 책은 못 쓸 것 같다.'는 염려와는 달리, 다섯 군데서 연락을 받고 한 유명 출판사와 계약이 성사됐다.

이분 외에도 이렇게 저자 프로필이 평범하다고 생각하며 출판사의 연락을 못 받을까 봐 걱정하시는 분들도 모두 계약되었다. 분명 일생에 처음 쓰는 원고인데, 어떻게 세 군데 이상의 출판사에서 서로 계약하자고 러브콜을 받을 수 있었을까? 그 비결은 참신한 기획과 매력적인 저자 프로필뿐만 아니라 평균 이상으로 쓴 원고에 있다.

나는 책 쓰기 코칭을 할 때, 기획하는 시간에 공을 들이는 편이다. 그다음에 중요하게 생각하는 것이 예비 저자분의 이야기가 빛날 수 있도록 원고를 쓰는 법도 지도한다.

출판사에서 출간 계약을 결정하는 사람은 출판사의 대표나 편집장이다. 출판사에서 가장 경험이 많고, 통찰력 있는 분이 원고 계약을 진행할지 결정한다. 출판사는 '책'이라는 상품을 만들어 판매함으로써 수익을 내는 회사이기 때문에 계약 결정에 심사숙고할 수밖에 없다. 그들의 검토하는 것 중 하나가 '원고'이다. 기획과 저자 프로필은 마음에 들었지만, 평균 이상의 원고가 나오지 않는다면 반려될 확률이 높다. 첫 책을 내려고 한다면 마지막까지 원고 퀄러티도 신경을 써야 한다. 그렇다면 출판사는 어떤 원고를 좋아할까?

첫째, 참신한 원고

출판사로부터 "내용이 평이해요."라는 말을 들었다면 평범해서 계약하기 어렵다는 이야기다. 누구나 뻔히 말할 수 있는 내용을 이야기하는 사람에게 흥미가 생기지 않는다. 그들이 생각하는 좋은 원고는 참신한 원고이다. 다른 사람들이 경험해 보지 못한 이야기를 담은 원고. 같은 환경이지만 새로운 시선으로 본 원고. 이제까지 잘 알려지지 않았던 내용이라면 금상첨화다.

일례로 내가 진행했던 공저 프로젝트에서 '제주살이'에 관한 주제로 책을 쓴 적이 있다. 각자 다양한 이유로 제주에 내려온 사연을 담은 책이었다. 공저자로 참여한 한 분은 '은퇴 후, 제주살이'를 하고 있는 분이었다. 그분과 콘셉트 회의를 할 때, 은퇴 후를 강조하라고 했다. 그러나 그분은 자신의 이야기가 평범하다며 걱정했다. 반면, 출판사에서는 "기존 제주살이 책에서 볼 수 없는 독특한 이야기다."라고 평했다. 그들의 입장에서는 은퇴 후 제주살이 내용이 참신한 내용이었다. 실제로 이 공저는 여러 군데 출판사에서 연락을 받고 한 유명 출판사와 계약 되었다.

둘째, 저자만의 고유 스토리가 나온 원고

없는 게 없는 세상이다. 콘텐츠의 세계도 나올만한 이야기는 거의 다 나왔다. 그 이상 새로운 콘텐츠가 나오기 어렵다는 뜻이다. 이렇게 수많은 콘텐츠 시장에서 내 책이 경쟁력을 갖추기 위해서는 저자의 고유 스토리가 기반이 되어야 한다. 내가 아니면 겪기 어려운 일, 직접 경험해서 알게 된 이야기. 이런 고유한 스토리가 있다면 그 자체로 고유한 책이 될 수 있다.

셋째, 저자만의 전문성이 돋보이는 원고

저자 프로필에 맞게 전문성 있는 콘텐츠로 책을 쓸 때는 자신만의 '전문성'이 돋보여야 한다. 이론적인 지식은 거의 비슷하다. 하나의 이론으로도 다양한 책이 나올 수 있는 이유는 그 이론을 받아들이는 사람의 관점과 견해가 다르기 때문이다. 또한, 그 이론을 현실에 적용하여 얻은 경험치도 차이가 있다. 다시 말해, 하나의 이론이지만 그것으로 인해 얻은 사례나 자료는 다르다. 만약 전문성을 강조한 책을 쓰고 싶다면 저자만이 가질 수 있는 전문성을 증명할 만한 사례가 나와야 한다. 그래야 다른 책과는 차별성 있는 원고를 쓸 수 있다.

넷째, 가독성이 좋은 원고

다이아몬드도 가공하여 보석이 되었을 때 가치가 올라간다. 원석이 보물로서의 가치가 있으려면 다듬는 과정이 필요하다. 원고도 마찬가지다. 내가 쓴 원고가 아무리 참신한 내용이라도 잘 읽히지 않는다면 원고의 가치가 떨어진다.

독자가 읽었을 때 술술 잘 읽히는 원고가 좋은 원고다. 가독성이 좋은 원고를 쓰기 위해서는 글을 쉽게 써야 한다. 중학교 수준의 학생이 성인 책을 읽어도 충분히 이해될 만큼 써야 한다. 그래야 대중들이 읽었을 때 가독성이 좋다.

어려운 것을 쉽게 쓰는 것은 생각보다 어려운 일이다. 하지만 잘 읽히는 원고는 다 그렇게 쓴다. 나만 봐서 이해되는 글이 아닌, 그 누가 봐도 이해가 되는 글. 이것이 가독성 있는 원고다.

출판사가 좋아하는 원고는 저자의 진솔함에서 나온다. 내가 재미있게 쓸 수 있는 이야기가 남이 봐도 흥미롭다. 이심전심(以心傳心)이라는 말이 있지 않은가? 내 삶에 충실했다면, 나의 이야기를 담아 진솔함으로 다가가 보자. 결국 사람의 마음은 통하게 되어 있다.

후회 없이 출판사를 선택하는 기준

　선택은 늘 어렵다. 한두 가지의 선택지 중에서 하나를 고르는 것이 아니라 여러 개의 선택지가 있다면 어떨까? 고민만 하며 시간을 보내야 한다. 사람들은 후회 없이 더 나은 선택을 하기 위해 애쓴다. 한 번의 결정으로 미래가 달라질 수도 있기 때문이다. 옷 하나를 사더라도 여러 옷 가게를 들락거리며 비교하며 사는데, 출판사는 오죽할까?

　만약, 내가 보낸 원고가 두 군데 이상 연락이 온다면 그때부터 다양한 방법을 통해 출판사를 알아봐야 한다. 가끔 수강생분이 '좋은 출판사' 하나만 알려 주라며 요청할 때가 있다. 사람마다 기준이 달라서 콕 짚어 말하기는 어렵다. 어떤 분은 무조건 규모가 큰 출판사를 좋은 출판사로 여기고, 또 어떤 분은 출판사에서 나온 책을 보며 출판사를 결정하기도 한다.

　하나 분명한 것은 내 입맛에 딱 맞는 출판사는 없다는 것이다. 규모도 크고, 마케팅 지원도 잘해 주면서, 내 원고를 아껴 큰 수정 작업을 요청하지 않는 곳. 출간 후, 강연 지원이나 방송 출연까지 아낌없이 지원해 주는 곳. 이렇게 누구나가 꿈꾸는 출판사를 바라겠지만, 현실은 그렇지 못하다.

규모가 큰 대형 출판사인 경우 마케팅 지원을 잘해 주는 대신, 저자에게 요구하는 사항도 많다. 자신들의 입맛에 맞게 콘셉트의 재조정을 요청하거나, 원고를 대폭 수정하자고 하는 곳도 있다. 출간 후, 저자가 직접 어떤 마케팅을 할 수 있는지 꼼꼼하게 물어보거나, 출판사 출간 계획에 따라 출간 시기가 1년이 넘어가는 경우도 생긴다. 이런 출판사의 요구가 나쁜 것은 아니다. 지원 혜택이 많은 만큼 저자도 함께 발맞춰 줄 것을 원하는 것은 어찌 보면 당연하다.

반대로 출판사 규모가 작다면 대형 출판사에 비해 마케팅 지원 혜택이 상대적으로 적을 수밖에 없다. 대형 서점에 끼칠 수 있는 영향력도 크지 않아 서점에서 진행하는 매대 광고가 어려울 수도 있다. 그뿐만 아니라 신문 광고, 강연 마케팅 진행도 쉽지 않다. 그런 점은 약하지만, 저자가 원하는 방향을 많이 맞춰주기도 한다. 혹은 디자이너의 감각이 뛰어나 참신한 책의 표지와 내지 디자인을 완성해 만족감을 주기도 한다.

대형 출판사가 마케팅에 투자할 만한 여력이 많기 때문에 베스트셀러를 낼 확률이 높은 것은 사실이다. 그러나 대형 출판사에서 냈다고 모든 책이 잘되는 것은 아니다. 그곳에서 내는 책 중에서도 내 책이 또 다른 경쟁력이 있어야 한다. 중·소형 규모의 출판사라고 해서 베스트셀러를 내지 못하는 것도 아니다. 규모는 작지만, 책 몇 권에 집중하여 1년 매출이 30억 이상 내는 건실한 곳도 있다.

이렇게 출판사마다 장단점은 있다. 사람인 나도 장단점이 있는데, 출판사는 어쩌겠는가? 내가 기준을 정하고, 그 기준에 부합하는 출판사를 선택해야 한다. 무조건 좋은 출판사나 혹은 나쁜 출판사는 없으며, 나에게 잘 맞는 출판사를 선택하면 된다. 출판사를 선택할 때는 우선 나의 욕구를 먼저 파악해 보자.

〈나의 욕구〉

1) 나는 출판사의 규모가 큰 곳을 선호한다.

2) 어느 정도 출판사의 인지도 있는 곳을 원한다.

3) 나는 자기계발서 전문 출판사를 원한다.

4) 출간 시기가 빨랐으면 좋겠다.

5) 내 원고는 많이 수정 안 했으면 좋겠다.

위와 같이 내가 원하는 출판사 성격이나 방향성을 미리 파악하면 출판사를 선택하는 기준을 정할 수 있다. 그래야 흔들리지 않고, 계약 후 다른 출판사에서 연락이 온다고 하더라도 후회 없다. 한 번 계약이 진행되면, 출간까지 함께 일해야 하는 것이 출판사다. 출판사 선택 시, 내 욕구 파악이 중요한 이유는 각자 책을 내고 싶은 이유가 다르기 때문이다. 또한, 책을 낸 이후의 방향도 각양각색이다.

책 쓰기 코칭을 하며 만난 N 씨는 출판사 투고 후, 다섯 군데 이상 출판사의 연락을 받았다. 모두 탄탄한 규모의 출판사였고, 베스트셀러를 출간한 경험도 있는 곳이었다. 다섯 군데 중에서 브랜드 인지도가 있는 세 군데로 정하고, 많이 고민했다. 출판사 규모나 인지도, 마케팅 측면에서도 큰 차이가 없었기에 결정하기 더 어려웠다.

최종 한 곳을 고르는 과정에서 N 씨가 가장 중요하게 생각하는 가치를 알수 있었다. 바로 브랜드 인지도와 빠른 출간 시기였다. 결국 여러 번의 상담을 거쳐, 계약 후 두 달 이내에 출간해 주겠다고 제시한 출판사와 계약이 성사되었다. 그분은 책 출간 후, 강연을 꿈꾸고 있던 분이었다. 하루라도 빨리 책을 출간하는 것이 유리한 상황이었다. 비슷한 인지도의 출판사였지만, M사와 계약을 맺은 이유는 단 하나였다. 출간 시기를 저자가 원하는 날짜로 맞춰 준다는 조건 때문이었다. 약속대로 계약되자마자, 두 달이 안 되어서 책이 나왔다. 그는 자신의 바람처럼 바로 강연을 시작할 수 있었다. 이렇게 출간 후 방향성이 확실하다면, 출판사를 선택하는 일이 수월하다. 예비 저자의 니즈와 출판사의 방향이 맞다면 가장 좋은 선택이 된다.

만약 나의 욕구가 명확하지 않고, 내 욕구를 모두 충족시키는 출판사는 없다면 어떻게 해야 할까? 최소한 '다른 출판사와 할 걸.'이라는 후회를 하지 않기 위해 출판사를 선택하기 전에 아래와 같은 사항을 체크해 보자.

일생에 한 번은 당신만의 책을 써라

〈출판사 선택 시, 체크 리스트〉

1. 출판사 규모

2. 출판사 인지도

3. 출판사에서 주로 출간하는 책

4. 출판사의 온라인 마케팅 능력

5. 오프라인 서점의 영업 능력

6. 내 원고 잘 이해하고 있는가?

7. 출판사 대표(혹은 편집자)의 성향이 나와 맞는가?

8. 출간 시기는 언제인가?

9. 인세 비율은 어떤가?

10. 적극적으로 출간 의사를 밝히는가?

위의 내용 중 내가 원하는 기준점에 벗어나지 않는다면, 계약을 진행해도 된다. 대부분 큰 문제없이 출간까지 갈 확률이 높다. 출판 계약을 맺는 일은 설레는 일이다. 이제까지 초고를 쓰고, 퇴고하느라 고생한 나에게 오는 보상처럼 느껴지기도 한다. 출판 계약을 앞두면, 걱정이 되기도 하고 떨리기도 한다. 혹자는 출판 계약을 입사 시험 후 합격 통지서를 받는 과정과 똑같다는 표현으로 그 마음을 대변했다. 한 번 회사에 입사하면 다시 되돌리기가 어려운 것처럼, 출판사 선택은 신중해야 한다. 나와 결이 잘 맞는 출판사를 선택하는 일. 그것이 후회 없는 결정이 될 것이다.

출판사와 2인 3각할 준비가 되어 있는가?

일의 성패를 가르는 것 중 가장 중요한 것은 뭘까? 전문성이라고 답하는 분도 있을 것이고, 인간관계라고 생각하는 분도 있을 것이다. 내가 가장 중요하게 생각하는 것은 '태도'이다. 태도가 좋은 사람은 전문성을 위해 더 많은 시간을 투입하여 공부한다. 겸손하고 예의 바른 태도는 인간관계에 영향을 미친다. 결국 일을 대하는 태도가 좋다면 다른 요소들은 따라오게 되어 있다.

출간도 유사하다. 계약하고 난 후에는 출판사와 협업한다. 원고 재수정부터 교정·교열, 표지 선정, 홍보와 마케팅까지 많은 부분을 소통하며 일이 진행된다. 이 과정을 무난히 끝내야 서점에서 내 책을 볼 수 있다.

가끔 출판사와 계약까지 한 후, 출간 준비하는 과정에서 예기치 않은 일이 발생하기도 한다. 서로 마음이 상하거나, 논쟁이 붙는 경우도 발생한다. 사람이 하는 일이다 보니, 서로 의견을 주장하면서 이런 일이 벌어진다. 원고를 완성하는 어려운 일을 해낸 후에 출판사와의 작은 문제로 일이 틀어지는 경우는 없어야 한다.

일생에 한 번은 당신만의 책을 써라

출판사와 저자는 갑과 을의 관계라기보다, 동업자 관계라고 봐야 한다. 저자의 입장에서는 자신의 책을 세상에 나올 수 있도록 만들어 주고, 마케팅해 주는 출판사가 없다면 제작비용을 혼자 감당해야 한다. 출판사는 저자의 원고가 있어야 독자들에게 판매할 수 있는 상품을 만들 수 있다. 이렇게 서로 조력자 관계로 이루어지는 것이 출판사와 저자의 관계이다.

출판사 역시 저자와의 관계에 조심하는 편이고, 예비 저자 또한 출판사에 적극적인 협조를 해야 출간 후 순항할 수 있다. 이렇게 서로에게 긍정적인 영향을 끼치는 관계임으로 출판사 관계자를 대할 때에는 되도록 비즈니스 예의를 갖춰야 한다.

출판사 관계자와 미팅했을 때의 일이다. 업무상 다양한 이야기를 하며 들었던 말 중 가장 기억에 남는 말이 있다.

"저희는 계약할 때, 저자의 마인드를 가장 중요하게 생각합니다. 가끔 첫 책을 쓴 분들이 출판사에서 모든 것을 다 해주길 바라는 분들이 계세요. 저희는 출간 후에도 열심 홍보해 줄 사람을 선호하고 있어요. 그래야 시너지가 나니까요."

그렇다. 요즘 시대의 저자는 '책'만 쓰면 되는 사람이 아니다. 1인 기업가다. 자신이 쓴 책을 홍보할 줄 알아야 한다. 첫 책으로 이어진 출판사와의 인연을 동업자의 관계로 잘 이어가려면 출판 계약 후, 세 가지 마음가짐을 가져야 한다.

첫 번째는 '비즈니스 마인드'다.

공들여 글을 쓰는 이유는 대부분은 출판의 꿈을 이루기 위해서다. 초고를 완성하는 동안 성실함이 필요했다면, 출판사와 일을 하는 동안은 '비즈니스 마인드'로 임해야 한다.

책 한 권이 출간되기까지 많은 시간과 노력 그리고 다양한 사람들의 도움이 필요하다. 첫 책을 출간하는 예비 저자라면 출판 기획자나 멘토의 도움이 있어야 긴 여정을 무사히 마칠 수 있다. 그다음에는 내 원고를 예쁘게 봐주는 출판사의 조력도 필수다.

출판사는 기획, 저자의 역량, 시장성, 원고의 질 등 다양한 사항을 고려하여 계약을 결정한다. 위의 모든 것을 훌륭하게 갖춘 저자라면 당연히 출판사에서도 좋은 조건을 제시한다. 출판사가 원고를 보는 입장은 저자와는 다르다. 그들은 투자자의 입장에서 내 원고를 판단한다. 적게는 수백에서, 많게는 수천만의 제작비를 부담하는 입장에서 여러 방면을 살펴보지 않을 수 없다.

따라서 저자 역시 비즈니스 마인드를 갖고 출판사와 동행하는 파트너십 관계로 여겨야 한다. 그래야 진행이 수월하다. 출판사는 하나의 기업이다. 회사의 손익 분기점을 생각해야 한다. 그래서 초보 저자를 발굴할 때, 어느 정도의 위험부담을 안고 간다. 특히 첫 책을 내는 예비 저자라면 이런 점을 인지해야 한다.

두 번째는 '겸손한 마음'이다.

출판 계약이 되면 원고는 편집자에게 넘겨진다. 편집만 전문적으로 하는 편집자는 콘셉트 보강부터 원고 수정 요청, 편집의 전반적인 일에 관여한다. 아무리 기획이 잘 된 원고라도 편집자에 따라 출판 방향성이 달라진다.

편집자는 원고 검토 후, 저자가 쓴 원고를 그대로 살려 출간할지 원고의 재수정 할지 결정한다. 편집자는 예비 저자에게 그들이 원하는 방향으로 원고 수정을 부탁하게 되는데, 간혹 피드백을 탐탁지 않게 받아들이는 경우가 있다. 왜 그런 마음이 드는지 예비 저자들의 마음을 듣게 되었다. 이유인즉슨, 자신이 원고를 쓰는데 들인 시간과 노력만을 생각하지 않고, 출판사 마음대로 원고를 수정하려고 한다는 이야기 했다.

출판사는 내가 쓴 원고라는 원석을 잘 가공하여 보기 좋은 상품을 만들어 주는 곳이다. 책을 잘 만들어야 판매에 영향을 미치기 때문에, 그들도 한 권을 만드는 데 최선을 다한다. 다만, 원고를 바라보는 입장은 편집자와 저자의 입장 차이가 있을 수 있다. 저자는 자신의 혼을 담은 분신으로 여기지만, 편집자는 잘 팔리는 상품으로 보게 된다. 그러한 온도 차이로 편집 과정이 어렵게 진행되기도 한다.

책이 잘 되면, 가장 좋은 것은 저자이다. 책이 잘 홍보되어 읽힌다면, 저자에게 많은 기회로 연결되기 때문이다. 따라서 예비 저자가 자신의 원고에 대한 자부심을 느끼는 것은 바람직하다. 그렇지만 자기가 쓴 원고를 보석으로 만들어 줄 사람은 누구인가? 편집자다. 그의 의견을 수용하지 않으면 잘 팔리는 책으로 나올 수 없다는 점도 놓쳐서는 안 된다. 따라서 출판 계약 후, 출판사와 일을 진행할 때는 항상 겸손한 마음으로 임해야 한다.

세 번째는 '감사한 마음'이다.

세상에 모든 일이 그러하듯, 나 혼자 잘해서 이루어지는 일은 아무것도 없다. 작게는 가정에서부터 부모의 뒷바라지가 있기에 아이들은 공부할 수 있다. 누군가는 육아해 주기에 또 누군가는 생업 활동을 할 수 있는 것처럼 말이다.

출간도 여러 사람의 공으로 이루어진다. 출판 기획자, 저자, 출판 관계자(대표, 디자이너, 마케터)의 각자의 역량을 발휘하여 책 한 권이 만들어진다. 저자 혼자만 글을 잘 써서 한 권이 만들어지지 않는다.

마치 영화가 만들어지는 것과 유사한 과정을 통해 출간이 된다고 보면 된다. 한 편의 영화는 배우 한 사람의 역량으로 만들 수 있는 것이 아니다. 감독과 영화 찍는 것을 도와주는 스테프들의 협업으로 이루어진다. '내 원고를 알아봐 준 출판사가 있어서 고마워.' 이렇게 감사한 마음을 가지면 내 원고는 인고의 시간을 견디고 세상에 빛을 볼 수 있는 책이 된다.

우리는 알게 모르게 수없이 많은 사람들의 도움을 주고받으면서 살아가고 있다. 태어날 때부터 타고난 재능을 갖고 태어난 사람이 있을 수는 있다. 그런 분들도 여러 사람들의 도움을 받으며 살아가는 것이 세상살이다.

즉, 늘 감사한 마음으로 이타심을 발휘하여 글을 쓰고 비즈니스 마인드를 갖고 출판사와 협조할 때, 책 출간의 꿈은 이제 멀지 않았다.

책 쓰기 수업
시크릿 노트 5

출판사가 관여하는 부분

"제가 쓴 원고 출판사에서 다 수정해 주는 거 아니에요?"

책 쓰기 수업을 진행하다 보면 가끔 이런 질문을 받는다. 질문의 요점은 자신이 쓴 거친 원고를 출판사 직원의 수정 작업을 거쳐 책이 나온 것이 아니냐는 거다. 어떤 분은 초고 작성 후, 출판사에 전달하면 출간까지 저자가 관여할 부분이 없다고 생각하기도 한다.

출판사는 책을 제작하고, 유통과 판매를 담당하는 곳이다. 그러기 위해서는 완성된 원고를 받고 출판 계약이 가능한 원고인지 파악한다. 그 후, 계약 진행 후 수정 범위를 결정한다. 여기서 수정 범위는 출판사 결에 맞는 원고가 되기 위해, 필요한 내용 수정이나 보완이다. 그 수정은 누가 할까? 저자가 한다.

출판사는 독자가 원하는 책을 만들기 위해, 계약 이후에도 예비 저자에게 수정 요청을 한다. 즉, 원고 수정이나 보완을 출판사 직원이 하는 것이 아니라 피드백을 주는 방식으로 요청한다. 그러면 저자는 그 피드백에 맞게 수정한다.

보통 수정 작업을 끝낸 원고를 '최종 원고'라고 칭한다. 최종 원고는 저자가 더 이상 손을 볼 필요가 없는 원고다. 구성, 내용, 맞춤법 체크까지 마무리된 원고라고 할 수 있다.

그러면 출판사는 원고의 어떤 부분에 관여할까? 출판사는 예비 저자가 마지막까지 수정한 원고를 교정·교열(비문 체크 혹은 맞춤법 체크)을 진행한다. 그 후에는 편집을 거쳐 출판할 수 있는 원석(최종 원고)을 보석으로 만드는 일을 한다.

따라서 출판사에서 아직 출간하기에 미흡한 원고를 수정하는 일은 하지 않는다. 출판할 수 있는 원고까지 쓰고, 수정까지 해야 하는 것이 예비 저자의 몫이다. 다시 말해 저자는 출판 이후 팔릴만한 가치가 있는 원고를 써야 한다. 출판사는 원석을 가공하는 일을 하는 곳이지, 저자를 양성하는 기관은 아니다. 예비 저자는 출판사가 투자할 만한 원고를 쓰면 된다. 출판사가 투자할 만한 원고란 상품적 가치가 있도록 기획이 잘 되어 있고, 독자가 편하게 읽을 수 있도록 가독성 있는 글이다.

그뿐만 아니라, 출판사는 책의 완성을 돕는다. 독자들에게 어필될 수 있도록 표지 디자인, 내지 디자인, 홍보 마케팅, 영업 업무를 맡아서 한다. 즉, 출판사는 원석(최종 원고)을 시장에 팔릴만한 가치 있는 상품으로 만드는 일이 주 업무다.

물론 표지를 만들고, 홍보와 마케팅 준비하는 과정에서 저자에게 의견을 물어본다. 출판사가 책의 콘셉트에 맞는 표지를 만들어 시안을 주고, 저자의 의견을 듣고 결정하는 식이다. 간혹 제목이나 표지에 들어갈 마케팅 문구에 대해 아이디어를 묻기도 한다. 그렇게 저자의 의견을 적극 반영하여 책의 가공을 돕는다. 이 과정에서 예비 저자는 적극적으로 출판사와 협업하며 잘 팔릴 수 있는 책이 나오도록 돕는다.

예비 저자가 할 일은 출판사가 왕관을 씌워주고 세상에 나갈 수 있도록 완성된 원고를 준비하는 일이다. 원고에 대한 책임은 모두 저자에게 있다는 점을 잊지 말자.

[실전 연습]

매력적인 출간 기획서를 완성하기 위해 알아야 하는 체크 리스트

	출간 기획서 체크 리스트	체크
1	나의 정체성이 잘 나와 있는가?	
2	나의 직업이 잘 표현되었는가?	
3	나의 스토리가 매력적으로 표현되었는가?	
4	나의 전문성이 어필되었는가?	
5	내가 이 원고를 쓴 의도가 표현되었는가?	
6	중언부언하지 않았는가?	
7	내가 하고 싶은 말만 늘어놓지 않았는가?	
8	내가 강조하고 싶은 핵심이 있는가?	
9	내 원고의 강점이 잘 어필되었는가?	
10	나만의 차별적인 마케팅 포인트가 있는가?	

LESSON
6

=

출간 후,
세상에
나를 알려라

=

SNS를 홍보 과장으로 삼는 법

책 쓰기 프로그램을 진행하면서 강의 마지막에 '마케팅' 이야기를 꼭 한다. 그 덕분인지 모르겠지만, 감사하게도 출간에 성공한 저자 분 중 책을 낸 후에도 왕성한 활동을 하시는 분들이 많다. 책 출간 후, 홍보와 마케팅 활동의 중요성은 아무리 강조해도 지나치지 않다.

그렇게 중요성을 어필하다 보면, 초고를 써 내려가기에도 바쁜데 홍보까지 준비하는 것에 부담을 느끼는 분들이 있다. 우리가 책을 쓰는 이유는 단순히 자기만족을 위함이 아니다. 자기만족을 원한다면, 굳이 어려운 책까지 낼 필요가 있을까? 자신의 일대기를 전자책 정도로 만들어 내는 것만으로 충분히 자기만족은 할 수 있다. 기획 출판을 위한 책을 쓴다는 것은 조금 더 큰 의미가 있다.

우선, 나를 세상에 드러내고 싶다는 자기표현이다. 나의 경험, 지식, 생각을 세상과 공유하고 싶다는 뜻이다. 또한, 나 혼자만 아는 것이 아니라, 타인에게도 이로운 영향을 끼치고 싶다는 의지이기도 하다. 더 나아가 사회에 공헌하는 삶을 살겠다는 선포이다.

인생 초년기에는 세상으로부터 많은 것을 받으며 살았다. 이미 잘 갖추어져 있는 시스템에서 미리 험한 길을 지내온 기성세대의 보호를 받으며 지낼 수 있었다. 인생 중반기는 어떤가? 내가 받았던 배려와 혜택을 돌려줘야 할 때다. 어떤 길이든 개척하며 살아왔던 경험이 있다면 후배 세대에게 책으로 나눠줘야 한다. 그것이 책 쓰기의 기본 의식이다. 내가 생각하는 가치를 어떻게 하면 많은 이들에게 알릴 수 있을까? 홍보와 마케팅이다.

그런 면에서 책을 홍보한다는 것은 단순히 책을 파는 행위가 아니다. 그 이상이다. 책 안에 담은 나의 경험과 지식의 가치를 타인에게 영향을 끼칠 수 있도록 알리는 일이다. 그만큼 저자에게 책 홍보는 책을 쓰는 것만큼이나 신경 써야 하는 일이다. 내가 열심히 홍보하면 할수록 내가 전하고자 하는 가치를 알아줄 사람이 많아진다.

출간 후, 홍보·마케팅은 출판사의 전유물이라고 보면 안 된다. 그 책을 쓴 저자의 일 중 하나다. 책이 세상에 나온 후, 홍보를 하려고 하면 막막하다. 책 홍보는 초고를 쓰는 단계부터 천천히 준비하는 것이 좋다. 책을 한 번도 써 보지 않은 사람이 갑자기 책을 냈다는 소식보다, 책을 쓰고 있다고 선포하는 것이 신뢰가 간다. 초고 쓰기에도 바쁜 시간에 언제 홍보· 마케팅까지 준비하냐고 부담을 느낄지 모른다. 그러나 미리 준비하는 것이 책 출간 후, 홍보하기 어려워 애 태우는 것보다 낫다.

초고를 쓰고, 출판사와 출간 준비를 하는 시간을 고려하면 약 2개월~8개월 정도의 시간이 있다. 그 사이 SNS 채널을 준비하고, 활성화 작업을 하면 된다. 책의 성격이나 장르에 따라 SNS의 활용법은 달라진다. 자신의 성향과 책의 성격에 따라 SNS를 미리 준비하자.

1. 블로그

책을 쓰는 저자치고 블로그를 운영하지 않은 사람은 거의 찾아보기 어렵다. 블로그는 글과 이미지 기반의 채널이다. 글을 쓰는 사람에게는 미리 초고의 일부를 공개하면서 사람들의 반응을 살필 수 있는 채널이다.

또한, 추후 저자 브랜딩을 고려해도 최적화된 소셜 미디어다. 내 책을 읽고 감동 한 독자는 보통 네이버를 통해 검색하여 블로그에 방문한다. 잘 준비된 저자의 블로그라면 블로그 글을 읽고 진성 팬이 되기도 한다. 이와 반대로 책을 사기 전 저자의 블로그에 미리 와서 글을 찾아보는 독자도 있다. 꼼꼼한 성향의 독자는 서평을 통해 책을 검증하다가 저자가 운영하는 블로그에 찾아와 글을 본다. 그 후, 호감이 생기면 책을 구매하기도 한다. 이런 용도뿐만 아니라, 독자들과 소통하기 좋은 공간도 블로그다.

적극적인 성향의 독자라면 내 책을 읽거나 강연을 듣고 난 후, 블로그에 댓글로 감상평을 남기기도 한다. 내 경우도 책을 출간 할 때마다, 독자들이 블로그에 찾아와 책을 잘 읽었다는 평을 해준다. 그 힘으로 또 다른 작품을 쓰겠다고 생각한다. 독자들에게 긍정적인 영향을 끼치고 그에 대한 감사의 인사를 받으면 저자에게도 큰 동기부여가 된다.

2. 브런치

브런치는 철저히 출판 비즈니스를 위해 만들어진 채널이다. 블로그와 마찬가지로 글 기반으로 운영되고 있다. 순수하게 글을 좋아하거나, 추후 책 출간을 꿈꾸는 사람들이 많다. 바꿔 말하면 내가 쓴 글을 좋아해 줄 예비 독자들도 많이 포진되어 있다. 브런치 채널의 특성상 에세이를 좋아하는 분들이 많기 때문에, 에세이를 쓰는 분들은 브런치를 추천한다.

내가 쓰고자 하는 책의 장르가 꼭 에세이가 아니어도 상관없다. 자기계발서와 실용서를 쓰는 분들도 칼럼 형식이나 정보성 글을 발행한다. 초고를 쓰면서 내가 쓰고자 하는 글의 주제와 연관된 글을 미리 발행해 보자. 내 글을 좋아하는 예비 독자를 모은다면 책 출간 후, 홍보를 어렵지 않게 할 수 있다.

3. 인스타그램

인스타그램도 책 홍보에 큰 영향을 끼치는 소셜 미디어다. 최근에는 짧은 영상인 '릴스'의 도입으로 유저가 더 늘었다. 많은 사용자가 있는 만큼 홍보 효과도 크다. 내가 쓰고 있는 주제와 연관된 주제로 '릴스'를 만들어 미리 공개한다면, 관심 있는 독자층을 미리 확보할 수 있다.

4. 유튜브

소셜미디어 중 가장 파급 효과가 크다. 인스타그램의 '릴스'처럼 짧은 영상이 아닌, 긴 호흡의 영상을 업로드 할 수 있다는 장점이 있다. 따라서 깊은 정보를 알고 싶은 분들은 유튜브를 본다. 유튜브를 미리 개설하여 책과 유사한 내용을 콘텐츠로 만들어 보자. 자연스럽게 책을 홍보할 수 있는 채널로 성장할 수 있다.

초고를 쓰고, 출간 준비를 하면서 이렇게 많은 채널을 한꺼번에 관리하는 것은 현실적으로 힘들다. 이 중 나의 성향이나 책의 장르에 잘 맞는 채널 한두 개를 집중하는 것도 좋은 방법이다. 여러 개를 잘하려고 하면 하나도 잘할 수 없다. 책 출간을 준비하는 사람은 책 홍보 효과적으로 할 수 있는 채널을 골라 미리 준비하자. 준비된 자에게 기회가 온다. 책 출간 후 홍보와 마케팅을 준비하면 그만큼 책 홍보에 부담이 없다. SNS 채널이 아직 준비가 안 되었다면, 출간 전부터 세팅하여 출간 후를 준비하는 것이 현명하다.

책 출간 후 한 달, 골든타임을 놓치지 마라

　모든 일에는 타이밍이 있다. 어릴 적 공부할 시기를 놓쳐, 다시 시작하려면 더 큰 노력을 해야 한다. 시대의 흐름에 맞는 사업을 하면 그렇지 못할 때보다 흥할 확률이 높다. 재테크도 살 때와 팔 때를 잘 맞추면 높은 수익률을 올릴 수 있다. 이렇게 '타이밍'은 일의 효율을 높인다.

　책을 홍보하는데 가장 좋은 타이밍은 '책 출간 후, 한 달'이다. 한 달이 지난 후에도 지속적인 홍보를 해야 하지만, 책이 나오고 한 달이 독자들의 관심을 끌 수 있는 시기다. 이 시기에 총력을 다해 책 홍보해야 한다.

　오프라인 사업도 론칭 후, 새로운 가게에 대한 기대심리가 있다. 사람들은 호기심에서 한 번 들러보는 경우도 '새로움' 주는 신선하기 때문이다. 책 또한 '신간' 효과가 있다. 이전에 나온 책보다 요즘 트렌드에 맞게 새로 출간된 책에 독자들은 호기심을 느낀다. 그런 느낌을 받는 것이 출간 후, 한 달이다.

　출판사마다 다르지만, 보통 출간 전 2주 정도 예약판매 기간을 갖는다. 말 그대로 정식 출간 전 일정 기간을 두어 예약을 받아 판매하는 기간이다. 책이 시장에 안착하고, 책을 처음 쓴 사람이 저자로서의 브랜딩 될 수 있도록 하는 시기다. 출판사뿐만 아니라, 저자 역시 예약판매에 자신의 책을 알리는 데 힘써야 '신간'이 나왔다는 것이 독자들이 인지할 수 있다.

첫 책인 경우, 독자들에게 '책을 쓰는 저자'라는 인식이 잘 자리 잡혀 있지 않다. 따라서 다양한 방법을 동원하여 책 홍보해야 한다. 내가 적극적으로 알리는 만큼 책 판매에 영향을 미치기 때문에 활발하게 소통하며 알려야 한다. 첫 책이 나온 후, 어떻게 홍보하면 좋을까?

첫 번째는 우선, 가족들에게 책이 나왔다고 알린다.

가족은 든든한 지원군이다. 처음 책을 쓸 때 가족들이 반대하는 경우도 있지만, 그런 분들도 실제 책이 나오면 누구보다 기뻐한다. 책을 낸 순간, 가족이나 친지들이 나를 보는 눈빛도 달라진다. 가족들에게 알린 후, 또 그들이 활동하고 있는 커뮤니티에 책을 홍보해 달라고 부탁 해 보자. 가족이기 때문에 알아서 알아줄 것으로 생각할지 모르나, 내가 먼저 손을 내밀어야 더욱 신경을 써 준다.

가족과 친지들이 내 책 판매에 큰 영향을 미치지 않을 거로 생각하면 안 된다. 내 수강생이었던 Y 씨는 초고에 집중한다고 별다른 소셜 미디어 활동을 하지 않았다. 가족과 친지 또 그들이 속한 커뮤니티의 도움으로만 예약판매 2주 동안 200권을 팔았다.

『스물아홉, 직장 밖으로 행군하다』의 임원화 저자는 첫 책을 출간할 당시,

200권의 책을 사서 집으로 보냈다고 한다. 그녀의 책을 받은 가족들은 그 책을 홍보 책으로 활용했다. 가족들의 도움을 받아 책을 홍보할 수 있었고, 그 책을 읽은 사람들이 지인에게 추천해 주었다고 한다. 또 그 지인은 책을 읽고 블로그나 SNS에 올려주면서 가족들이 해 준 홍보활동이 다른 독자를 불러왔다.

두 번째는 내가 속한 커뮤니티에 홍보한다.

요즘은 커뮤니티 시대이다. 단톡방은 물론 밴드, 네이버 카페 등 활동하고 있는 단톡방에 출간 소식을 전한다. 커뮤니티의 특성상 친화력을 느끼기 때문에 진심으로 축하해 줄 뿐만 아니라, 다른 커뮤니티에 소개해 주는 분도 있다. 동창회 커뮤니티부터 취미나 사회 활동으로 만난 커뮤니티, 개인적으로 내가 활동하는 커뮤니티까지 활발하게 소통하며 소식을 전해야 그들이 관심을 둔다. 많은 사람들이 활동하고 있는 커뮤니티뿐만 아니라, 인원수가 적은 커뮤니티까지 사람들이 모여 있는 곳이라면 책이 출간했다는 소식을 알려야 한다. 한 명의 커뮤니티 회원 뒤에는 2개 이상의 커뮤니티가 있고, 200명 이상의 사람이 있다는 것을 기억하자.

세 번째는 SNS 채널이다.

앞서 강조했듯이 출간 전부터 준비했던 SNS 채널은 출간 후 홍보에 특화되었다. 오프라인은 많은 사람을 만나는 것이 어려운 일이지만, 온라인은 다르다. 적게는 수백 명, 많게는 수만 명에게 나의 책을 홍보할 수 있다. 내 채널을 구독하는 구독자나 팔로우가 아니더라고, 내 구독자를 구독하는 또 다른 사람들이 그물망처럼 연결된 것이 SNS다. 출간 소문내기 이벤트, 출간 소식 포스팅 공유 이벤트 등을 활용하여 나를 모르는 많은 이들에게 책이 나왔다는 것을 알

출간 후, 세상에 나를 알려라

려야 한다.

책 홍보는 초고를 쓰는 것만큼 힘든 여정일 수 있다. 특히 마케팅 활동을 해 보지 않은 사람이라면 더욱 벽처럼 느껴지기도 한다. 내가 찾아가지 않으면 아무도 나를 몰라준다고 생각해 보자. 어렵게 쓴 원고가 한순간에 사장될 수 있다. 그 점을 기억하여, 책 출간 후 2주간은 온라인을 중심으로 홍보하자. 아직 오프라인 서점에 입고가 되지 않은 상태이기 때문에, 책에 대한 기대감을 줌으로써 실제 구매로 이어질 수 있게 하는 것이 효과가 좋다.

예약판매 기간 2주가 끝나면 본격적으로 오프라인 서점에 입고된다. 서울 교보문고를 중심으로 수도권, 전국 오프라인 서점까지 입고되는데 꽤 긴 시간이 걸린다. 그렇기 때문에 출간 후, 한 달이 중요하다. 서점에 입고 된 후 2주간 매대 반응을 일으키지 못한다면 곧바로 다른 책으로 교체된다. 서점 입장에서도 독자들의 반응이 좋은 책을 더 판매해야 이익이다. 출간 후, 한 달 내에 큰 반응이 없는 책은 서가에 꽂아둔다. 그러면 매대에 있을 때보다 홍보 효과가 떨어질 수밖에 없다. 출간 후, 한 달간 열심히 홍보하여 독자들의 눈에 띄는 곳에 내 책이 있어야 한다.

교보문고에서 책이 잘 팔린다면, 다른 서점에서도 경쟁력 있는 책으로 판단한다. 판매량이 높은 책이라면, 전국의 작은 서점까지 입고되면서 홍보 효과는 배가 된다. 출간 후, 한 달만 신경 쓰면 책 홍보 수명을 늘릴 수 있다. 보통 지방 소도시 서점까지 입고되는데 약 6개월가량이 걸리기 때문에, 지방에 사는 독자들은 3~5개월 뒤에도 서점에서 신간처럼 만날 수 있다.

가끔 예비 저자님들에게 '책 홍보'에 총력을 다하라고 하면, 내 영역이 아니라며 반색하기도 한다. 물론 책을 쓰는 과정 자체에서 희열을 느끼고, 내적 성장을 이루어 낸 것만으로 만족할 수 있다. 하지만 책을 쓴다는 것은 나를 세상에 드러낸다는 의미도 내포되어 있다. 원고를 쓰면서 일차적으로 나를 드러냈다면, 홍보 활동을 하며 나를 세상에 알려야 하는 것도 저자의 몫이다.

사람들은 신간에 관심을 두기도 하지만, 그 책을 낸 '사람'도 집중한다. 최신 영화가 가진 스토리 자체가 재미를 느껴 선택하기도 하지만, 영화에 출연하는 배우가 좋아서 보기도 한다. 영화배우는 영화가 나오면 어떻게 하는가? 예능 프로그램, 유튜브 인터뷰 출연을 하며 영화가 개봉되었다는 것을 알린다. 다양한 채널에 나와 영화를 찍게 된 배경부터, 뒷이야기를 하면서 영화에 대한 기대감을 준다.

책을 홍보하는 것은 곧 나를 돋보이게 하는 일이다. 배우들은 맡은 역할에 따라 자신의 포지셔닝을 다르게 할 수 있다. 저자는 자신의 성격이나 성향이 책에 고스란히 드러난다. 즉, 책을 홍보하는 일은 나를 홍보하는 일과 같다. 사람들은 책을 읽고, 그 책을 쓴 사람에게도 호감을 느끼는 경우가 많기 때문이다.

혹시라도 저자가 '글만 쓰는 사람'이라고 생각된다면, 오늘부터 관점을 바꿔보자. 요즘 시대 저자는 집필은 기본이고 홍보와 마케팅까지 할 수 있어야 한다.

저자 특강은 책을 적극적으로 알리는 기회

책을 출간하고 나면, 또 다른 세계가 펼쳐진다. 강연의 기회가 주어지기도 하고, 방송 출연 섭외가 오기도 한다. 기업이나 기관에서 칼럼을 제안해 오는 경우도 있다. 출간한 책을 보고 감동 한 독자로부터 이메일을 받기도 한다. 다른 출판사에서 두 번째 책 출간 제안을 주기도 한다. 이렇게 예상치 못한 기회에 노출되는 것이 출간 후다.

출간 후 이런 기회가 누구에게나 오는 것은 아니지만, 출간하지 않으면 올 수 없는 일을 경험하는 경우가 더 많다. 수 없이 열린 기회를 잡는 것도 책을 집필했기 때문에 가능하다. 집필과 출판 계약 후 다른 방향으로 나아가는 것은 출간 후 저자의 활동에 따라 달렸다. 아무 일도 일어나지 않는다고 불평하기 전에 저자가 적극적으로 책을 알려 보자.

초고 집필을 하는 기간이 웅크리는 시간이었다면, 출간은 날개를 펼치고 세상 밖으로 나와야 하는 때다. 그것도 적극적으로. 최선을 다해 책을 알리면 알릴수록 책 판매에 영향을 미치기 때문이다.

그런 이유로 출판사에서 신인을 발굴할 때, 강의가 가능한 사람을 선호한다. 강연은 책 홍보뿐만 아니라, 대중들에게 자신을 알리는 기회가 된다. 저자에게는 강연가로서 한 발을 떼는 도전이기도 하다. 책과 강연은 떼려야 뗄 수 없는 관계다. 책을 쓸 수 있다는 것은 강연할 수 있다는 말이기도 하다. 한 권의 책을 썼을 뿐인데, 강연으로 콘텐츠가 확장된다. 한 번의 강연은 또 다른 기회를 부른다. 강연장에서 독자로 만난 분이 또 다른 강의를 제안하기도 하고, 협업으로 연결되기도 한다.

저자 특강은 내가 저자와 강연가로서 활동하고 있다는 것을 세상에 공표하는 자리다. 저자 특강은 다양한 자리에서 이루어진다. 책이 출간되면 출판사에서 저자 특강을 마련해 주기도 한다. 교보문고나 영풍문고 같은 서점에서 강연회를 개최하는데, 독자들과 지인들을 모셔놓고 진행한다. 책을 미리 사서 읽고 오는 독자도 있지만, 책을 읽지 못하고 오는 경우 현장에서 판매가 가능하다. 현장 판매가 부담스럽다면, 강연료에 책값을 미리 산정할 수 있다. 참가자 전원에게 '저자 사인본 증정'이라는 혜택을 줌으로써 참여를 독려하면 의외로 많은 분이 강연회에 온다.

만약 출판사에서 저자 강연회를 개최해 주지 않는다고 실망할 필요는 없다. 책을 낸 저자의 강연을 환영해 주는 곳은 많다. 책 출간 후, 도서관이나 기업에서 초청하는 저자 강연이나 북토크 기회로 연결되기까지는 시간이 걸린다. 그들의 연락을 기다리기 전, 저자가 직접 저자 특강을 기획할 수도 있다.

저자가 기획한 특강은 온라인과 오프라인에서 모두 가능하다. 온라인과 오프라인으로 진행하는 저자 특강은 장단점이 있다. 온라인 저자 특강인 경우, 지역적인 제약이 없기 때문에 사람을 모으기에 수월하다. 초고를 쓰는 순간부터 SNS 활동을 통해 홍보 채널을 확보했다면 온라인 저자 특강을 진행하여 책을 홍보해 보자. 책을 구매한 독자에게 무료 특강의 기회를 준다면 생각보다 많은 분들이 호의적인 반응을 보인다.

오프라인 저자 특강 또한 책을 알리는 데 큰 역할을 한다. 사람을 모으는 것이 상대적으로 온라인보다 어려울 수는 있지만, 그 값을 톡톡히 한다. 분위기 좋은 모임 공간을 대여하여 저자 특강을 기획해 보자. 독자는 현장에서 저자를 만나 그의 이야기를 듣는 것을 좋아한다. 저자에게 큰 관심이 없었던 사람이라도 강연장에 와서 저자의 살아있는 이야기를 듣게 되면, 금세 팬이 된다. 독자들과 눈을 마주치며 강연한다는 것은 저자에게도 가슴 뛰는 일이다. 특히 강연회 마지막에 진행하는 '저자 사인회'는 평생 기억에 남는 추억이 된다.

사람들을 모을 수 있는 동원력이 없다 하더라도, 직접 저자 특강을 기획해 보는 것을 추천한다. 장소 섭외부터 홍보와 마케팅까지 하다 보면 많은 것을 느낄 수 있다. 분명 그 속에서 좌절도 맛볼 것이고, 희열도 느낄 것이다. 생각보다 사람들이 많이 올 수도 있고, 사람들이 모이지 않아 취소해야 하나 갈등을 겪을 수도 있다. 그래도 저자 특강을 해 보라고 하고 싶다. 그것 또한, 내가 성장하는 하나의 과정이기 때문이다.

직접 저자 특강을 기획하는데 자신이 없는 분들을 위해 이 이야기를 해

주면 조금 위안이 될 것이다. 내가 첫 책을 냈을 때의 일이다. 출산한 지 얼마 되지 않은 때라, 출판사에서 제안했던 교보문고 저자 특강을 진행할 수 없었다. 그 당시에는 '또 다른 기회가 오겠지.'라고 생각했지만, 출간 기간이 지나면 지날수록 그런 기회는 쉽게 오지 않았다. 그 후, 내가 선택한 방법은 직접 저자 특강을 기획하는 일이었다. 혼자 기획하고, 장소를 섭외하고 강연 준비를 했다. 홍보와 마케팅을 도와주는 이도 없이 홍보자료를 만들고 홍보도 했다. 주최 측의 도움이 있어도 사람들을 모으기 힘든 상황에서 혼자 모든 것을 하려고 했으니 잘 될 일 없었다. 감사하게도 5명이 신청해 주셨고, 그 중 오직 3명만 현장에 왔다. 저자 특강인데도 말이다. 그럼에도 그 3분을 위해, 열심히 강연했다.

남들은 처참하다고 생각할 수 있는 저자 강연이었지만, 내게는 잊을 수 없는 첫 저자 특강이었다. 그 후, 더욱 겸손한 마음으로 강연에 임할 수 있었다. 돈을 주고도 살 수 없는 귀한 경험이었다. 그 일은 나의 성장 동력이 되었다. 지금은 수십 명, 수백 명 앞에서도 강연할 수 있는 사람으로 성장했다. 그러니까 직접 해 보라. 생각지도 못한 많은 것을 얻게 될 것이다.

저자 특강을 할 수 있는 또 다른 방법은 저자가 직접 제안하는 것이다. 북 토크 진행 경험이 있는 북 카페나 인플루언서가 운영하는 커뮤니티에 문을 두드릴 수 있다. 북 카페는 카페 특성상, 책을 좋아하는 분들이 많이 간다. 내 책을 봐 줄 예비 독자들이 가는 곳이다.

북 카페를 운영하는 곳의 운영진이나 대표에게 직접 '저자 특강'을 제안해 볼 수 있다. 사람들이 많이 와야 북 카페도 알리고, 책 판매에도 영향을 미치기 때문에 거의 수락해 줄 것이다.

처음 제안하는 것에 심적 부담을 느낄 수 있다. 본질을 생각해 보자. 다시 말하지만, 저자는 책을 판매하는 사람이 아니다. 내가 쓴 콘텐츠의 메시지를 알리는 사람이다. 콘텐츠의 메시지를 많은 사람들이 인지하기 위해서는 어떻게 해야 하는가? 내가 발 벗고 알려야 한다. 그런 생각으로 접근하면 저자 특강을 제안하는 일이 그리 어려운 일은 아니다.

그다음으로는 인플루언서가 운영하는 커뮤니티에서 '저자 특강'을 제안하는 방법이 있다. 인플루언서는 사람들에게 좋은 영향을 끼치는 사람이다. 저자 특강을 통해 그의 커뮤니티 사람들에게 긍정적인 메시지를 전달해 줄 수 있는 방법을 고민하고 있다. 그들에게 저자가 직접 저자 특강을 제안한다면 더 좋아한다. 그러니 저자 특강 제안에 부담을 느낄 필요가 없다.

내 생에 처음으로 책을 낸다는 것은 큰 의미다. 기획, 집필, 퇴고, 출판 계약, 그 후에 진행되는 홍보 과정까지 출판 과정을 통해 훌쩍 성장한 자신을 발견할 수 있다. 이러한 일련의 과정을 통해 과거의 나를 버리고, 새로운 나를 맞이하게 된다. 출판의 전 과정을 거치다 보면 평범하게 5년을 살면서 배워야 할 것들을 1년 안에 배울 수 있다. 다른 사람보다 5년이나 빨리 성장할 수 있다는 뜻이다. 저자 특강을 통해 내 책을 알리자. 책 출간의 완성은 강연임을 알게 될 것이다.

1인 기업 마인드로 손품, 발품을 팔아라

이 책을 읽고 있는 당신은 왜 책을 쓰고자 하는가? 단지 자기만족을 위해 책을 쓰고 싶은 것인가? 아니면 브랜딩을 하고 싶은 것인가? 그 이유가 무엇이 던지 책을 쓸 때는 철저하게 저자가 되어야 하고, 출간 후에는 사업가가 되어야 한다.

출간 후 홍보활동을 하는 과정에서 책을 쓸 때와는 전혀 다른 마인드가 필요하다. 앉아서 내 책이 팔리기를 기다리기보다 손품, 발품을 팔면서 홍보맨이 되어야 한다. 사업가 태도를 가지고 뛴 만큼 홍보 효과를 볼 수 있다.

사업가는 누구인가? 세일즈하는 사람이다. 나는 세일즈와 관계가 없다고 생각하는 분들이 있다. 거창한 목표 달성을 하라는 말이 아니다. 저자는 자신이 쓴 책을 홍보하면서 판매량을 높일수록 내가 전하고 싶은 메시지가 많은 이에게 전달된다. 다시 말해, 저자는 메시지를 전달하기 위한 메신저 사업가가 되어야 한다.

파리에서 도시락 파는 사업을 하는 켈리 최 회장은『파리에서 도시락을 파는 여자』를 쓰며 국내에 자신의 존재를 알렸다. 그 후에도『웰씽킹』『100일 아침 습관의 기적』이라는 책을 펴내며 '부자의 마인드' '부자 습관' 대중들에게 알리고 있다. 그녀의 유튜브를 보면 그 누구보다 열심히 자기 책을 홍보한다. 그녀가 이렇게 책 홍보에 열을 올리는 이유는 무엇일까? 이미 영국에서 선정한 400대 부자가 된 그녀인데 말이다. 그 이유는 그녀가 '부자 마인드'에 대해 알려주고 싶기 때문이다. 10억 빚이 있었지만, 그 순간에 다시 일어나 기업을 일구게 도와줬던 마인드에 대해 널리 알려주려는 것이다. 그런 그녀는 명실공히 메신저다. 창업 후 회사를 세웠던 마음으로 책 홍보도 적극적이다.

저자의 발품과 손품이 책 판매에 얼마나 큰 영향을 끼치는지 알 수 있는 일화가 있다. 신간 홍보차 한 유명 북튜버와 인터뷰를 진행한 적 있다. 그 북튜버와 사석에서 이야기를 나누며 알게 된『건강과 다이어트를 동시에 잡는 7대 3의 법칙 채소·과일식』의 조승우 저자 일화다. 첫 책을 출간 후 3개월간 판매량이 부진하여 고심하던 끝에 조승우 저자는 책을 소개하는 채널에 한 명씩 연락하여 인터뷰 제안을 했다고 한다.

다른 곳에서는 거절했지만, 한 유명 유튜버와 인연이 되어 인터뷰를 진행했다. 그 후에 그 인터뷰 영상이 폭발적인 인기를 끌면서 거절했던 다른 채널에도 계속 섭외되었다. 다양한 곳에서 인터뷰한 그의 책은 3개월 이후부터 불티나게 팔리기 시작했다. 지금은 10만 부를 기록하며 베스트셀러 작가가 되었다. 만약 그가 3개월 동안 책의 반응이 없다고 포기했으면 어땠을까? 그런 기회는 오지 않았을 것이다.

여러 책 관련 홍보 채널을 운영하는 분들과 이야기하다 보면 홍보가 중요하다는 이야기를 많이 듣게 된다. 책의 퀄리티도 중요하지만 결국 홍보가 잘 되는 책이 판매에 영향을 미친다는 것이다. 특히, 첫 책인 경우 저자의 인지도 높지 않다. 주변이나 타인에게 책을 쓰는 사람인지 알리려면 저자가 나서서 적극적으로 홍보 활동을 해야 한다.

온라인 홍보뿐만 아니라, 오프라인 활동 영역을 넓히는 것도 중요하다. 내가 코칭 했던 한 저자분은 출간 후 발품 파는 일에 게을리하지 않았다. 자신이 속한 종교 단체장에게 찾아가 자발적으로 무료 강연을 부탁하여 강연회를 열었다. 처음에는 반신반의했던 분들도 그분의 강연을 듣고 책을 많이 사 줬다고 한다. 처음 책을 낸 저자들은 아무래도 주변 지인이나 활동하고 있던 커뮤니티나 단체부터 홍보 활동을 시작하는 것이 좋다. 그 후에는 기관이나 단체에 제안하는 방법을 통해 확장하며 홍보 활동을 넓혀야 한다.

내가 코칭 했던 C 저자는 책이 나온 후, 평소에 자주 다니던 도서관의 사서를 찾아갔다고 했다. 평소 도서관을 다니며 인사를 나누었던 사이여서 그런지 책 몇 권을 도서관에 기증한다고 하자 감사의 뜻으로 '저자 강연회'를 제안했다. 만약 그분이 발품을 팔아 그 사서에게 찾아가지 않았다면 이런 기회는 얻지 못했을 것이다.

실제로 책 쓰기 코칭을 하다 보면, 첫 책임에도 판매량이 좋은 책들이 있다. 탄탄한 기획과 콘텐츠 자체도 훌륭하지만, 무엇보다 저자들이 적극적인 분들이다. 한 마디로 자신의 책을 알리고자 발로 뛰는 분들의 책이 확실히 잘 팔린다.

출판사 대표와 미팅을 하다 보면 출판사 측에서도 홍보를 잘할 수 있는 사람을 선호하는 것을 볼 수 있다. 한 출판사 대표와 미팅을 하면서 "우리는 1 인 기업가 마인드를 갖춘 사람을 원한다. 저자가 원고만 쓰고, 그 이후 홍보 활동에 무관심하다면 계약에 영향을 미칠 수밖에 없다."라는 말을 전했다. 그만큼 책을 쓰고 싶다면, 출간 후 홍보에도 적극적으로 임해야 한다.

이러한 시대의 변화에 맞게 최근 몇 년 사이 출판계의 변화는 '인플루언서의 등단'이었다. 많은 팬을 확보한 인플루언서는 책 판매량에 직접적인 영향을 끼칠 수밖에 없는 상황이다. 특히 요즘처럼 출판계 불황인 시대에 판매량이 확보된 인플루언서를 싫어할 출판 관계자는 없다. 이런 흐름에 맞춰, 요즘 저자들은 출간 후에도 디지털 크리에이터가 되어야 한다. 초고를 쓰기 전부터 책 내용과 관련 있는 내용으로 글을 쓰는 것뿐만 아니라, 출간 후에도 자기 생각이나 혹은 자신의 전문 분야에 대해 블로그, 브런치, 인스타그램, 유튜브 등의 채널을 통해 크리에이터가 되어야 한다.

저자의 적극적인 온라인 홍보 활동으로 역주행한 책도 있다. 『하버드 상위 1%의 비밀』의 정주영 저자는 출간 후, 인스타그램 활동을 그 누구보다도 열심히 했다. 이 책은 출간 당시에는 큰 관심을 보이지 못했던 책이다. 그러나 인스타그램을 통해 북스타그램 사이에서 입소문이 나면서 여기저기에 소개되었다. 그 후에 책이 역주행하면서 베스트셀러에 올라오는 사태가 벌어졌다. 정주영 저자는 책의 내용을 기반으로 꾸준하게 콘텐츠를 발행하여 책을 알렸다. 그 결과 그를 추종하는 팬들이 늘어나기 시작했고, 결국 책 판매까지 영향을 미쳤다.

일생에 한 번은 당신만의 책을 써라

책 내용이 바탕이 되긴 하지만, 매일 콘텐츠를 만들어 올리는 일은 쉬운 일은 아니다. 많은 시간을 들여야 하고, 손품도 필요하다. 타인의 책도 아닌 내 책을 홍보하는데 그런 꾸준함과 손품이 필요하다.

이렇게 저자에게 책 홍보는 필수이다. 발품, 손품을 팔아라. 책이 알아서 팔릴 거라는 기대는 버려야 한다. 내가 발로 뛴 만큼, 손으로 많이 움직인 만큼 책은 팔린다. 첫 책 홍보가 중요한 이유는 어느 정도 판매량이 나오는 저자가 되어야 하기 때문이다. 그래야 그다음 책 출간도 쉬워진다. 곧 첫 책 홍보 활동이 선순환되어 나에게 돌아오니, 긍정적인 생각으로 홍보활동을 해 보자.

출간 후, 나만의 방향성을 정하라

　책을 내고, 홍보와 마케팅이라는 일련의 프로세스를 겪어보면 매 순간 나를 극복하는 과정임을 알게 된다. 가장 어려운 단계인 책의 콘셉트를 잡고 나면 초고 쓰기의 벽이 온다. 초고의 벽을 뚫고 극복하면 그다음은 퇴고의 고통이 따라온다. 자신의 글을 수없이 비판하며 퇴고의 과정을 지나왔다 하더라도, '출판 계약'이라는 또 다른 문이 존재한다. 0.01%의 기획 출판의 문을 통과하면, 또다시 홍보활동이 나를 기다린다. 마치 산의 정상을 오르기 위해 부딪쳐야 하는 수많은 난관을 극복하는 과정 같다. 이렇게 앞만 보고 나아가면, 일종의 '허무감'이 들지도 모른다.

　이때 느끼는 허무감이란 '모든 것이 무의미하게' 느껴지는 의미를 상실하는 마음이라고 보기는 어렵다. 단지 출판의 과정을 지나왔는데, 또다시 올라가야 할 산이 있음을 느끼면서 찾아오는 일시적인 감정이라고 볼 수 있다. 자신의 에너지를 끌어올려 책을 낸 이후에는 또 다른 세상을 보게 된다. 이를테면, 책을 여러 권 낸 작가라든지, 이미 책을 내고 스타 작가로 자리매김한 작가, 작가이면서 인플루언서가 되어 많은 사람들의 사랑과 지지를 받는 작가들이 눈에 들어오기 때문이다.

책을 한 권 내기 전에는 '나도 책 한 권만 내 봤으면.' 했던 마음이 그 목표를 이루고 나면 더 큰 세상을 마주하게 되면서 겪게 되는 감정이다. 이런 느낌은 또 더 큰 세상에 올라가고 싶다는 욕망과 또다시 출판의 과정을 거쳐야 한다는 부담과 함께 찾아오기도 한다. 이 과정에서 두 가지로 나뉜다. 한 부류는 책 한 권으로 만족하는 사람과 또 다른 부류는 또 다른 책을 준비하는 사람이다. 예비 저자라면 후자가 되길 바란다.

책의 질과 종류를 떠나, 나는 한 권의 책을 낸 사람을 높게 평가한다. 한 권을 책을 펴내는 과정이 쉽지 않다는 것을 알기 때문이다. 그들은 자기 자신을 이긴 사람이다. 적어도 책을 써야겠다고 마음먹는 순간, 주변의 반대를 이겨냈을 것이다. 초고를 쓰면서 찾아오는 숱한 유혹도 참아 냈다. 퇴고하면서 '자신의 글이 형편없다.'라는 생각을 극복하고 출판할 수 있는 글로 고쳤다. 어려운 출판 계약을 뚫고, 내 이름으로 된 책이 세상에 나오게 할 만한 자신감도 있었다. 그 자체로도 훌륭한 일이니, 책을 쓴 자신에게 무한 칭찬을 해 줬으면 한다.

그렇다면 출간 후, 한 권의 책으로 끝내지 않고 지속적으로 성장하기 위해서는 어떻게 해야 할까? 긴 호흡을 두고, 저자로서의 방향성을 잡아야 한다. 사람들은 자신이 방향성을 갖고 산다고 하지만, 실상 그렇게 사는 사람은 많지 않다. 주변 환경에 영향을 받아 자신이 원했던 삶과는 멀어지는 것이 대부분이다.

출간 후, 세상에 나를 알려라

책 출간 후 정하는 방향성은 앞으로 내가 '저자'로서 가고자 하는 방향을 정하는 것이다. 세상에 나를 알리고, 새로운 세상에 눈을 떴는가? 그 후에는 어떻게 해야 할까? 이미 앞서간 사람들이 어떻게 성장하는지를 지켜보자. 책 홍보를 통해 강연가로서 자리를 잡은 분부터 자신이 쓴 책을 발판으로 비즈니스의 기회로 만드는 분도 있다. 혹은 책 콘텐츠를 기본으로 하여 인플루언서가 된 분도 있다. 그중에서 내가 가고자 하는 방향을 정해, 꾸준하게 정진하면 된다.

내 책이 세상에 나온다고 해서 그것이 출간의 끝이라고 생각하면 안 된다. 그 이후에는 저자로서의 또 다른 삶이 펼쳐질 수 있다. 그 방향성을 정하면서 다시 앞으로 나아가야 책을 쓴 저자로서 지속적인 성장을 할 수 있다.

『오늘부터 성장할 나에게』의 김새해 저자는 출간 후, 인플루언서로 자리를 잡았다. 첫 책『내가 상상하면 꿈이 현실이 된다』를 출간할 당시에는 육아하며 1인 기업을 준비 중이었다. 그런 그녀는 첫 책을 출간한 후, 방송 출연과 강연의 기회를 얻었다. 그 후 유튜브를 통해 1인 미디어 활동을 하며 인플루언서로 활동하고 있다. 국민 강사라는 타이틀로 오랫동안 사랑 받는 김미경 원장도 첫 책을 출간할 당시, 무명 강사였다. 첫 책『나는 IMF가 좋다』를 펴낸 후, 지속적으로 책 출간을 하며 유명 강사로 자리를 잡았다. 지금은 콘텐츠 기업을 창업 후, 백여 명의 직원을 거느린 사업가가 되었다.

유명 에세이스트로 활동인 임경선 저자는 12년의 직장 생활을 한 이후 책을 쓰기 시작했다. 그녀는 2005년부터 작가의 길로 들어선 이후, 꾸준하게 작품 활동을 하고 있다.『나는 어떻게 삶의 해답을 찾았는가?』의 고명환 저자는 개그맨 출신이다. 지금은 동기부여 전문가로 활발하게 강연 활동을 하고 있다. 그런 그도 첫 책『개그맨 고명환의 8주 식스팩 프로젝트』를 출간한 덕에 여러 권의 책을 쓰고 인기 강연가가 될 수 있었다.

나 역시 지금은 예비 저자들이 책을 출간할 수 있도록 코칭을 하며 살고 있다. 하지만 첫 책『비바리 맘의 제주 태교여행』을 출간할 당시만 해도 이런 삶이 펼쳐질 거라고는 상상조차 못 했다. 그저 내 이름으로 된 책 한 권 내기가 목표였던 사람이다. 이전보다 잘 쓰고 싶었던 마음으로 글쓰기 공부에 매진했다. 그런 기록들이 하나둘씩 쌓으면서 내게 도움을 청하는 분들이 생겨나기 시작했다. 지금은 100여 명이 넘는 저자를 배출한 코치가 되었다.

이들의 공통점이 무엇인지 아는가? 그렇다. 첫 책 출간 후 자신의 성향에 맞게 꾸준하게 활동하고 있다는 점이다. 지금은 한 분야에서 자리를 잡고, 사람들에게 인정을 받고 성공적인 삶을 이어 나가고 있다. 그렇지만 이런 삶을 살게 해 준 계기는 '한 권의 책 출간'이었다. 책 출간이 이들의 삶에 영향을 끼쳤고, 눈부시게 성장한 삶을 살게 했다.

책 출간은 단순히 글을 쓰고, 책을 판매하기 위해 홍보하는 일로 끝나지 않아야 한다. 마음먹기에 따라 '한 권의 책 출간'이 일생일대의 기회가 될 수 있다. 그러기 위해 홍보활동을 하며 내가 가고 싶은 방향을 미리 점검해야 한다.

자신이 어떻게 갈 것인가 하는 저자로서의 방향성은 책 출간 전 과정을 거쳐야 알 수 있다. 초고를 쓰면서 글쓰기 자체에 기쁨을 느꼈다면, 꾸준한 집필로 저자로서의 포트폴리오를 쌓아야 한다. 출간 후, 강연 활동을 하며 강연

자체에 재미를 느꼈다면, 스피치 능력을 강화하여 강연가로서의 포지셔닝에 더 집중할 수도 있다. 책 홍보 활동을 하며 마케팅이나 세일즈에서 자신의 강점을 발견했다면, 책을 기반으로 콘텐츠 사업에 초점을 두어도 좋다.

다양한 사람들을 만나 상담이나 코칭을 하며 자주 하는 말 중 하나가 "하나의 문을 열어야 또 다른 문이 보인다."이다. 하나의 문도 열어 보려고 시도하지 않았는데, 또 다른 기회의 문이 보일 리 없다. 내가 원하고, 구하고, 알아내고 시도한 세계만큼만 보인다. 책 출간을 하기로 마음먹었다면, 일단을 첫 책을 써 내야 한다. 그 후 다가오는 세계는 몸으로 겪어내면서 배워가는 것이 가장 빨리 배우는 방법이다. 출간 후 어떤 포지셔닝을 할 것인가? 어찌 보면 행복한 고민인지 모른다. 나에게 더 유리한 저자로서의 포지션을 알기 위해서라도 출간에 필요한 전 과정을 즐겨야 한다.

책 쓰기 수업
시크릿 노트 6

베스트셀러 만드는 책 쓰기 전략

책을 쓰겠다고 마음먹은 후, 누구나 갖는 꿈은 '베스트셀러 작가'다. 내 책이 서점 전면 매대에서 홍보되고, 사람들이 여기저기서 나를 찾는 꿈. 책을 쓰는 사람이라면 누구나 이런 상상을 한다. 실제로 책 한 권으로 일약 스타덤에 오르는 분들이 있다. 오랜 시간 갈고 닦아 여러 권의 책으로 내어 실력을 키워 타이밍이 맞는 경우가 대부분이다. 의외로 처음 낸 책이 베스트셀러가 되어 많은 분의 사랑을 받는 경우도 있다. 베스트셀러는 어떻게 만들어지는 걸까?

1. 시의성: 시장에서 원하는 시기가 맞은 경우

시장이 원하는 시기와 책이 나오는 타이밍이 맞는다면 베스트셀러가 될 확률이 높다. 책은 시대의 변화를 반영한다. 트렌드보다 반 발짝 앞서서 책을 내면 잘 팔리는 책이 된다. 코로나 시기에 출간된 김미경 저자의 『리부트』는 온라인 시대로의 빠른 대응책을 제시하면서 순식간에 베스트셀러가 되었다. 온라인이 발달하면서 외부 소음에 지쳤을 때, 어떻게 살아야 하는지 알려주는 책이 잘 팔렸다. 마이아스 뉠케 저자의『나를 소모하지 않는 현명한 태도에 관하여』와 이광수 저자의『어떻게 살 것인가』가 대표적이다.

메타버스가 이슈가 됐을 때는 메타버스라는 키워드만 있어도 베스트셀러가 되었다. 한참 챗GPT가 유행일 때는 챗GPT 관련 책이 많은 관심을 끌었다.

이렇게 많은 독자의 선택을 받은 책들은 모두 '시의성'이 잘 맞은 책들이다. 변화하는 시대에 맞춰 독자들이 원하는 욕구에 맞게 기획되고 나온 책이다. 독자들이 무엇을 원하는지에 대한 이해를 바탕으로 타이밍이 잘 맞는 책이 베스트셀러에 오른다.

2. 제목이 좋은 책: 제목이 판매에 8할이다.

시의적으로 맞는 책이 나온다고 해도 제목에서 독자의 호기심을 끌지 못하면 독자에게 선택받는 것이 어렵다. 제목이 좋지 않다면, 내용이 아무리 좋다 하더라도 주목받을 수 없다. 베스트셀러를 만드는 일등 공신은 '제목'이다.

『세이노의 가르침』은 출판계에서 잘 지은 제목 중 하나라고 일컫는다. 세이노라는 필명이 마치 일본 작가를 연상하게 하고, 그가 하는 가르침이 어떤 것인지 궁금하게 하는 제목이다. 온라인 한 커뮤니티에서 명성을 얻은 덕도 있지만, 잘 지은 제목이 판매에 영향을 미쳤다는 후문이다. 140만 부가 팔린 최승필 저자의『공부 머리 독서법』역시 잘 지은 제목이다. 아이들의 공부에 관심이 많은 학부모가 궁금해하는 공부 머리 키우는 법은 독서법과 잘 연결해 호기심을 이끌었다. 2018년 출간 이후, 지금까지도 사랑받고 있는 스테디셀러다.

3. 독자가 명확한 책: 책을 읽을 타깃 층이 분명해야 팔린다.

독자가 분명한 책이 잘 팔린다. 누구나가 읽을 수 있는 책은 애초에 존재하지 않는다. 책을 쓸 때부터 '이 책을 누가 읽을 것인가?'에 대해 고민해야 한다. 1차 예상 독자층을 만족시킬 수 있는 책이라면 2차 예상 독자층과 3차 예상 독자층까지 만족하게 할 수 있다. 오랫동안 독자들의 사랑을 받았던 책 김수현 저자의 『나는 나로 살기로 했다』는 20~30 여성 독자를 공략한 책이다. 자아가 강하고, 눈치 보며 사는 것보다 자기 개성을 중요하게 여기는 20~30여성의 마음을 대변해 주는 제목으로 성공한 책이다. 20~30 여성들에게 인기를 끌었던 이 책은 2차 예상 독자층이 40대 여성으로 확산하였다. 마지막으로 남성 독자까지 확산하면서 잘 팔렸던 책이다. 이렇게 '내 책은 누가 읽을 것인가?'에 대해 끊임없이 질문해 봐야 한다. 집필 전부터 이런 고민을 많이 할수록 답이 명확해진다.

출간 후, 어떤 홍보 전략을 짤 수 있을까요?
나만의 홍보 전략을 미리 구상해 보세요.

1. 나의 주력 홍보 전략

_____

_____

2. SNS 채널별 전략

1	블로그	
2	브런치	
3	인스타그램	
4	유튜브	
5	쓰레드	

LESSON
7

=

일생에 한 번
당신만의
책을 써라

=

책을 쓰면 달라지는 것들

　책을 한 권이라도 쓴 사람과 그렇지 않은 사람은 다르다. 한 권이라도 책을 쓰고 출간까지 가 본 사람은 한층 더 성장한 자신을 만날 수 있다. 자신을 넘어본 경험이 있다는 것만으로 큰 자산이 된다. 나를 이겼다는 것은 무엇이든 도전하면 해 낼 수 있다는 자신감을 준다. 독자는 책을 소비하는 소비자지만, 저자는 책을 생산하는 생산자다. 책을 내는 순간, 콘텐츠를 생산하는 생산자로의 삶을 살 수 있다. 내가 쓴 책이 베스트셀러가 된다며 각종 매체에서 나를 모셔가는 행운도 누리게 된다.

　반대로 자기 생각만큼 큰 이슈가 되지 않거나 베스트셀러가 되지 않더라도 실망할 필요는 없다. 이미 한 권의 책을 쓰면서 내적 성장을 많이 이루었기 때문이다. 책을 쓰는 순간부터 출간 후까지 다양한 변화에 직면하게 된다. 출간 후, 어떤 변화가 일어날까?

1. 내적 변화

책을 쓰는 동안 내 안에서는 많은 변화가 일어난다. 우선, 삶을 돌아보면서 정리하는 시간을 갖게 된다. 많은 이들이 생각대로 삶을 사는 것 같지만, 사는 대로 생각하며 사는 경우가 더 많다. 세상의 소음에 귀를 기울이다 보니, 내면의 소리를 들을 시간은 없다. 반면 매일 책을 쓰기 위해 글쓰기를 하다 보면 자연스럽게 자기 내면을 들여다볼 시간이 많아진다. 내 생각과 감정을 글로 풀어가는 과정에서 '글'이라는 실체를 통해 자기 생각을 읽을 수 있다. 종이 밖에 쏟아내는 낱말을 자신의 눈으로 확인하는 일은 내 생각을 더 단단히 다질 수 있도록 도와준다.

만약 내가 상처를 많이 받고 살아왔다면 책을 쓰는 동안 치유가 되기도 한다. 덕분에 예비 저자분의 스토리를 콘셉트로 잡아 책을 쓰는 분들이 공통으로 하는 말이 있다. "책을 쓰는 동안 마음이 많이 치유됐어요." 그렇다. 한 권 분량으로 자신의 삶을 풀어낼 수 있다면 내적 치유를 넘어 성장까지 할 수 있다. 내적 성장은 책을 쓰면 달라지는 것 중 하나다. 책을 출간하는 동시에 과거의 내가 아님을 본인 스스로 느끼게 된다.

또한 나를 더 잘 이해할 수 있게 된다. 한 권의 책을 쓰다 보면, 나를 객관적으로 바라볼 수 있다. 책을 쓴다는 것은 잠재의식 깊은 곳에 있던 내 생각을 꺼내고, 밑바닥에 있던 감정과 마주하는 일이다. 나의 내면 깊숙한 곳까지 내려가 글을 쓰다 보면, 내가 몰랐던 나의 모습까지 보이게 된다. 미처 알아주지 못했던 내 감정을 인지하고 내게 일어났던 사건을 재조명하는 과정을 통해 나를 더 깊이 이해할 수 있다. 이러한 내적 변화가 일어나는 것만으로 한 권의 책을 낸다는 것은 큰 의미가 있다.

2. 외적 변화

책 출간 후, 외적 변화도 생긴다. 책을 내면 예뻐지는 경험을 한다. 이는 책을 한 권 썼다는 자신감으로 '자기 효능감'이 올라가면서 자연스럽게 생기는 현상이다. 자기 효능감이란 1977년 미국 스탠버드 대학교 심리학과 교수 앨버트 반튜라가 창안한 개념으로, 자신이 어떤 일이든 성공적으로 수행할 수 있다고 믿는 신념이다. 책을 출간한다는 것은 어려운 도전 중 하나다. 그것을 해냈다는 것만으로도 자기 효능감이 올라간다. 책을 쓰는 동안 내적 성장을 이뤄내면서 외적으로도 자신감 있는 얼굴이 된다. 연예인이 되면, 카메라 마사지를 받아 예뻐지는 것처럼 책이 출간되면 자연스럽게 '저자 아우라'가 생긴다.

태도도 당당해진다. 한 번이라도 자기 생각이나 지식을, 책을 통해 정리해 본 사람은 자신의 삶에 당당함을 지닐 수 있다. 생각은 더욱 단단해지고, 알고 있던 지식을 체계화하는 과정을 통해 자신의 논리에 확고함이 생긴다. 그러니 당당해질 수밖에 없다.

또한, 사람들이 나를 그 분야의 전문가로 인식하게 된다. 책을 내기 전에는 내 경험이나 지식에 충분히 힘을 실지 못했다면, 책을 낸 이후는 다르다. '책'을 통해 증명했기 때문에 주변 사람들이 나를 전문가로 여긴다. 주변 지인은 물론이고, 외부에서도 나를 전문가로 받아들이게 된다. 자신이 하지 못한 일을 해낸 사람이라는 경외의 눈빛을 보내기도 한다.

3. 진정한 내 삶의 주인으로 살아가기

진짜 내 인생이라고 여기며 살아가는 사람이 몇 명이나 될까? 대부분은 조직에 소속되어 순한 양으로 살아간다. 자신의 목소리를 내기보다, 주변 눈치 보며 다수의 목소리를 따른다. 생계를 위해 혹은 먹고 살기 위해 고군분투하며 살다 그 이상의 삶을 누리지 못한다. 책을 쓴 이후에는 진정한 내 삶의 주인으로 살게 된다. 내 목소리를 글로 풀어 대중적으로 공론화해 본 경험은 다수를 따르는 삶이 아닌, 자기만의 길을 가도록 도와준다. 비록 직장인 신분이라 할지라도 책을 내 본 사람은 더 주체적인 삶을 살 수 있다.

책을 쓴다는 것은 능동적인 행위이다. 누가 시켜서는 절대 할 수 없다. 책을 내고 싶다는 자기 내면의 목소리에 귀를 기울여야 하고, 실제로 행동으로 옮겼을 때만 가능한 일이다. 이런 과정을 통해 내가 내 삶을 이끌어 가고, 주인으로 살아가고 있다는 것을 깨닫게 된다. 누군가 시켜서 하는 일이 아닌, 자율성이 바탕이 되는 일이어서 그렇다.

나 역시 책을 내기 전에는 진정한 내 삶의 주인으로 살지 못했다. 직장인 신분으로 회사에서 지시한 내용을 따라가기에 바빴다. 불합리한 대우를 받아도 내 목소리를 충분히 낼 용기가 없었다. 책을 내기 시작하면서는 달라졌다. 우선, 보편적인 상식도 비틀어 보는 시선이 생겼다. 책을 쓰면서 나만의 견해나 논리가 확고해졌다. 충분히 나의 의사를 어필할 수 있는 자신감도 더 강해졌다. 이렇게 내 생각을 글로 풀어내다 보면, 타인의 눈치보다 내면의 소리에 따르게 된다. 내 안에서 하는 말을 따라가는 것이 진정한 내 삶의 주인공으로 살아가는 일이다. 그런 경험이 없다면 평생 내 삶이지만 노예나 다름없이 살아가야 한다.

또한 책을 쓰게 되면, 문제의식이 생긴다. 그런 사고방식은 당연한 것을 당연하게 바라보지 않게 한다. 다시 말해 깨어있는 의식을 유지할 수 있게 된다. 내 생각을 글로 풀어내는 연습을 많이 하게 되면 나의 의지와는 상관없는 생각을 통제할 수 있다. 내 생각을 통제한다는 것은 내 삶도 컨트롤할 수 있다는 뜻이다. 남은 인생을 내가 디자인하는 연습을 통해 진정 나다운 삶을 살 수 있다.

내적인 성장을 넘어 내가 주인공이 되는 삶! 그것이 책을 쓰면 가장 크게 변하는 점이다. 이는 한 권만 제대로 써 봐도 느낄 수 있다. 그러니 책을 안 쓸 이유가 있겠는가?

기회로 이어지는 책 쓰기 효과

"한 권의 책이 인생의 큰 전환점이 될 수 있습니다."

책 쓰기를 고민하시는 분들에게 꼭 하는 말이다. 버킷리스트였던 '내 책 쓰기'가 인생의 큰 변곡점이 될 수 있다. 강연가로 새로운 인생을 살거나 생각하지도 못한 기회가 와서 한 발 도약하기도 한다. 사업을 하는 사람이라면 책이 마케팅의 도구가 되어, 사업이 더 번창하기도 한다. 시대와 운 그리고 자신이 쌓아왔던 경력과 잘 맞아떨어진다면, 한순간에 스타 작가로 거듭나기도 한다.

책은 낸다는 것은 자아실현을 넘어 세상에 나를 알리는 일이다. 내가 쓴 책이 어떤 기회로 연결될지는 아무도 모른다. 책이 세상에 나온 후에야 알 수 있다. 그 누구도 출간 후 어떻게 인생이 달라질지 예측할 수 없으니, 출간까지는 해 봐야 한다.

『부의 인사이트』의 함서경 저자는 인스타그램을 통해 자신이 사업을 통해 얻은 지혜를 나누었다. 20대에 작은 옷 가게 창업으로 사업을 시작한 그녀는

30년 넘게 사업을 하면서 얻은 부를 얻는 방법을 알렸다. 순식간에 팔로워가 몰렸고, 약 3개월 만에 16만 팔로워가 되었다. 그녀의 도전은 끝나지 않았다. 그 이후『부의 인사이트』라는 책을 출간했다. 책 출간 후, 각종 유튜브와 매체에 인터뷰가 이어졌다. 강연 요청과 방송 출연까지 이어지면서 60대라는 적지 않은 나이지만 전성기를 맞이했다.

『300점 엄마의 빵점 육아』의 조동임 저자도 책 출간 후 다른 인생을 살고 있다. 그녀는 내가 진행하는 공저프로젝트에서 만났다. 공저 프로젝트를 통해 『이제부터 내 인생 살겠습니다』를 출간했다. 이에 자신감을 얻은 그녀는 책 쓰기 컨설팅을 통해 연이어 개인 저서『300점 엄마의 빵점 육아』를 출간했다. 그 이후에 기업체는 물론 해외까지, 육아 강연을 나가며 강연가가 되었다. 아이 셋을 육아하며 알게 된 육아 비법을 책으로 펴내어 많은 엄마에게 희망을 주고 있다.

책이 계약되거나 출간하는 과정에서 두 번째 책 제안으로 이어지기도 한다. 책 쓰기 코칭을 하며 만난『마인드 리더』의 김윤경 저자가 그랬다. 출판사에 투고하는 과정에서 다른 출판사로부터 두 번째 책 제안을 받았다. 그녀의 원고와 블로그에 쓴 글을 보고 감동한 출판사 대표는 그녀의 이야기를 모티브로 소설을 써 보자고 출간 제안을 했다.

『70에도 꽃은 피는 거야』의 정용옥 저자는 출간 후 춘천 MBC에 소개되었다. 그 후에는 불교 방송에서 인터뷰 요청이 들어오기도 했다. 그러면서 자신을 알리는 기회가 더 많아졌다. 처음 그녀도 나와 책 쓰기 상담을 할 때만 해도 반신반의했다. 75세라는 적지 않은 나이였지만, 책 쓰기에 도전했다. 지금은 전국으로 강연을 다니고 있다.

『히어로 이펙트』의 최영웅 저자도 책 출간으로 다양한 기회를 맞이했다. 육군 소령인 그는 출간 후, 국방방송 출연, 국방일보 칼럼 기고, 저널 저자 인터뷰, 여러 기업체의 강연까지 이어졌다.

만약 이들이 책을 내지 않았다면 어땠을까? 이런 기회가 찾아오지 않았을 것이다. 책을 낸다는 것은 공신력이 있다는 뜻이다. 내가 어떤 삶을 살았고, 어떤 능력과 재능이 있는지를 증명하는 일이다. 책을 출간하면 일을 의뢰하는 사람에게 신뢰감을 주게 되어 더 많은 기회로 연결된다.

강연가가 되어 자신의 메시지를 알리는 일로 확장된다. 혹은 인터뷰나 방송 출연 요청이 들어와 자신을 알리는 기회가 더 많아진다. 그것을 본 사람들에게 동기부여를 주면서 선한 영향력을 줄 수 있다.

그동안 만나왔던 사람과는 다른 사람과 연결이 되기도 한다. 나는 첫 책 출간 이후 주변 사람이 바뀌었다. 책을 출간하기 전에는 주변에 직장인 대다수였다. 지금은 자주 만나는 사람이 저자와 강사, 사업가다. 책 출간을 하면서 비슷한 성향이나 공통 화제가 있는 사람들을 만나게 된다. 출간한 책을 보고 "만나고 싶다."고 연락이 오는 경우도 많다. 책을 보면 그 사람의 됨됨이나 성향을 쉽게 파악할 수 있다. 책을 보고 그 사람에 대한 호감이 생기거나 감동을 한 경우 저자를 만나고 싶어 한다. 책의 독자에서 감명을 받고 강연을 제안하기도 한다. 어떤 이는 책을 통해 그 저자를 신뢰하여 비즈니스 제안을 주는 경우도 있다.

나 역시 첫 책 출간 후 책이 인연이 되어 다양한 사람을 만날 수 있었다. 책을 읽고 팬이 되었다며 찾아와 밥을 사주고 가는 분. 함께 비즈니스를 해 보자며 제안 주신 분. 협업을 해 보고 싶다고 연락을 주는 분까지. 책이 사람을 연결해 주었고, 그 사람이 또 다른 기회의 장을 만들어주기도 했다.

내가 지도했던 『하루 10분 셀프코칭』의 안영은 저자는 책 출간 후 우연히 초등학교 동창으로부터 연락을 받았다. 스타트업 대표가 된 초등학교 동창은 그녀에게 뜻밖의 제안을 했다. 그녀는 책을 쓸 당시 학원 원장을 그만두고, 1인 기업 준비 중이었다. 그녀의 동창은 책 출간 후, 활동을 보며 '콘텐츠 마케팅' 관련 분야로 스카우트를 제안했다. 지금 그녀는 과거와는 다른 일을 하고 있다. 책 출간 후 연락이 끊겼던 동창과 연결이 되었고, 그 인연으로 재취업이 된 사례다.

이렇게 책 출간 후, 새로운 만남이나 다양한 기회로 연결된다. 그 이유 중 하나는 저자가 주는 신뢰 때문이다. 책 출간을 해냈다는 점이 다른 이들에게 신뢰를 준다. 또한, 이미 책 한 권에는 나에 대한 많은 정보가 들어 있다. 내가 어떤 사람인지 구구절절 말하고 다니지 않아도 된다. 내가 낸 책을 읽은 사람 이라면 그 사람이 살아온 과정을 이미 파악할 수 있다. 책의 독자라면 그 사람을 이해할 수 있다.

또 다른 이유는 콘텐츠가 주는 힘 때문이다. 책을 통해 그 저자가 어떤 콘텐츠가 있는지를 한눈에 알 수 있다. 책의 콘셉트나 내용만 봐도 저자의 일

가건 있는 분야를 간파할 수 있으니, 한 권의 책이 그 사람의 업무 포트폴리오가 된다. 한 분야에 대해 경험치가 충분하거나 알고 있는 지식이 많아야 책 한 권의 분량을 채울 수 있다. 책을 출간했다는 것은 그 분야에 누구보다 폭넓은 지식과 경험이 있다는 표현이다. 그런 콘텐츠가 힘이 되어, 또 다른 기회를 부른다.

한 권의 책을 출간한다는 것은 '나'라는 소우주를 세상 밖으로 꺼내는 일이다. 책 한 권에는 나의 모든 것이 존재한다. 여기서 모든 것이란 내 생각, 경험, 지식, 철학이다. 한 사람을 알려면 오랜 시간이 필요하다. 그 사람의 지내온 세월부터 가정사, 만나는 사람, 하는 일이 그 사람을 말해 준다. 일일이 다 알려주기에는 시간이 오래 걸린다. '나'라는 사람을 책에 담아 보자. 만나는 사람마다 굳이 나를 장황하게 설명하지 않아도 된다. 진심을 담은 내 책 한 권만 선물하면 된다.

나의 스토리가 담겨있는 책은 곧 나의 분신이자 명함이다. 나를 드러내지 않아도 책이 나를 말해 준다. 나를 닮은 책은 좋은 인연을 불러들이고, 다양한 기회에 노출해 줄 것이다.

삶이 책이 되고, 책이 삶이 되는 기적

　내가 인생 첫 책을 쓰기로 결심한 것은 두 가지 이유였다. 하나는 책을 쓰고 강연하고 싶었고, 또 하나는 내 삶을 책으로 남기는 사람이 되고 싶었기 때문이다.

　나는 마흔을 몇 년 안 남긴 시점에서, 갑자기 삶이 허무하게 느껴질 때 책을 쓰기 시작했다. 나름대로 회사 생활을 하며 열심히 살았다고 생각했지만, 돌이켜 보니 남는 게 없었다. 회사 문을 나오는 순간 10년 넘게 쌓아왔던 경력은 흔적도 없이 사라졌다. 삼삼오오 어울리던 직원들의 연락도 뚝 끊겼다. 부지런히 다녔던 여행 기록은 컴퓨터 사진 파일로만 남겨졌다. 10년 넘게 쌓아올렸던 업무 노하우와 자료는 고스란히 회사에 두고 나왔다. 그때 알았다. 어떤 꿈이나 목표 없이 삶을 영위하기 위해 열심히 일하는 것은 결국 소모적인 삶이라는 것을.

　책을 쓰게 되면서는 달랐다. 나의 경험과 지식은 고스란히 살아있는 콘텐츠로 재탄생했다. 책 내용은 강의로 확장되었고, 타인에게 긍정적인 영향을 끼쳤다. 누군가에는 위로를 해주었고, 또 다른 독자에게는 용기를 주었다. 내가 살면서 겪었던 경험과 알게 된 지식을 책으로 펴냈을 뿐인데 말이다.

사람마다 책을 쓰고 싶은 이유가 다르다. 그 이유가 무엇이든 나는 살면서 책 출간은 꼭 한번 해 보라고 권하고 싶다. 더도 말고, 덜도 말고 한 권만 써 보는 것만으로도 많은 것을 배울 수 있기 때문이다.

우선, 기록하는 삶을 살 수 있다. 책을 쓰려면 메모하는 습관이 생긴다. 떠오르는 아이디어를 붙잡기 위해 메모하기도 하고, 자료 수집하기 위해 기록하기도 한다. 기록하는 습관은 지나가 버린 추억을 떠올릴 수 있고, 사라져 버리는 생각을 붙잡아 주기도 한다. 지식 조각이 모이면 추후 훌륭한 책이 될 수 있는 자료가 된다. 책을 쓰다 보면, 자연스럽게 기록의 소중함도 깨달을 수 있다. 기록은 내 인생의 역사가 되기도 한다. 기록 자체로도 의미가 있지만, 그 기록이 책이 된다면 보편적 가치로 확장될 수 있다.

또한, 삶이 책이 되는 삶을 살 수 있다. 자신의 스토리를 잘 정리하고, 알고 있는 지식을 체계화하는 것만으로도 훌륭한 책이 된다. 대부분은 나의 스토리가 얼마나 가치 있는지 깨닫지 못한다. 그런 태도로 바라보지 않고, '다들 이렇게 살잖아.' 하고 지나쳐 버린다. 죽을 때가 다 되어서야 '내 인생이 허무하다.'라고 느끼지만, 그때는 이미 늦다. 사람이 죽을 때 가져갈 수 있는 것은 아무것도 없다. 아무리 많은 돈이 있고, 명예를 쌓았다 할지라도 무덤까지 가져갈 수 없는 노릇이다. 책을 쓰는 사람이 되면, 그런 '허무하다.'라는 생각을 하지 않는다. 이미 자신의 삶을 '책'이라는 콘텐츠로 만들어 봤기 때문에 일상의 소중함을 알며 살아가기 때문이다.

책을 쓰기 시작하면 삶을 바라보는 관점이 바뀐다. 그러면서 내 삶에 일어나는 작은 사건도 큰 의미를 부여할 수 있다. 세상에 의미 없는 일은 없으며, 작은 일도 소중히 생각하는 사람이 된다. 사소한 것도 글감으로 바라보는 관점이 생기기 때문에 일상을 소중하게 생각하며 살 수 있다. 예를 들어, 책을 쓰기 전에는 지나가며 바라본 돌담에 핀 꽃을 무심코 봤다면, 책을 쓴 이후에는 다르게 보인다. 돌담을 뚫고 피어난 꽃의 강인함에서 고난을 극복하며 살아가는 것이 삶임을 깨닫는다. 관점이 바뀌면 삶을 대하는 태도 또한 바뀐다. 내게 일어나는 불행도 하나의 글감이 될 수 있음을 알게 되고, 긍정적으로 받아들일 수 있다.

『생계형 긍정주의자 선언』을 쓰면서 삶이 책이 되는 경험을 했다. 우리가 살아가면서 겪을 수 있는 이야기를 나만의 관점으로 해석하며 깨달음을 적은 책이다. 그 책에 나온 이야기는 대단한 사람의 일대기가 아닌, 동시대를 살아가는 사람이라면 한 번쯤 겪을만한 것이었다. 그런데도 그 책의 독자들에게는 위로 해 줄 수 있었다. 책을 쓰다 보면, 내가 겪는 삶 자체가 이야깃거리가 될 수 있다는 것을 알게 된다. 누구는 그냥 흘려보낼 수 있는 일상도 책의 한 소재가 될 수 있다.

책을 쓰면서 생기는 긍정적인 변화 중 하나는 관찰력과 사색하는 힘이 생긴다는 점이다. 현상이나 사건을 면밀히 관찰할수록 다양한 방면에서 사건을 바라볼 수 있다. 하나의 닫힌 생각으로 현상을 바라보는 것이 아니라, 여러 각도에서 살펴보게 된다. 다양한 시각으로 관찰하다 보면, 그 속에서 의미를 찾게 된다. 내가 발견한 의미는 사색하는 과정을 통해 그 사건이 일어난 본질을 알 수 있게 한다. 그것이 책의 소재가 된다. 그러면서 내 삶이 책이 된다.

삶이 책이 되는 경험을 하다 보면, 더욱 신기한 일이 일어난다. 바로 책이 삶이 되는 경험이다. 내가 알고 있는 지식과 경험을 한 번 정리하여 책을 썼다면, 그 경험과 지식은 견고하게 내 안에 자리 잡는다. 책을 쓰면서 연구나 자료 조사로 얻은 지식을 글로 풀어내는 과정은 완전한 나의 지식으로 흡수된다. 따라서 독서할 때보다 책을 씀으로써 그 지식을 내 것으로 만들 수 있다. 내 것으로 만든 지식은 또 삶에 적용하게 된다. 배운 내용을 글로 아웃풋하다 보면 살아있는 지식이 되어, 삶에 활용할 수 있다. 내가 쓴 책 내용이 삶이 되는 때이다.

책이 삶이 되면 더 잘 살려고 의식적으로 노력하게 된다. 책을 낸 저자가된다는 것은 나 역시 타인에게 모범적인 삶을 살겠다고 공식적인 선언이다. 독자보다 저자가 더 많은 책임과 부담을 느끼며 그에 맞는 삶을 살려고 노력한다.

아무리 많은 책을 읽어도 변화가 없는 분들을 본다. 책을 눈으로만 읽고자기 삶에 적용하지 않는 분들이다. 독서가 수동적인 행위라면, 글쓰기는 능동적인 활동이다. 특히 책 쓰기는 적극적인 독서 활동으로 그동안 읽은 내용을기반으로 아웃풋 하는 과정이다. 내 삶과 그동안 쌓아왔던 지식을 정리할 수있다. 100권의 책을 읽어도 그 내용을 한 권의 책으로 표현할 수 없다면 그것을 증명할 수 없다. 오직 글을 통해서 나의 전문성이 빛을 발휘할 수 있다. 책을 쓴다는 것은 이렇게 내가 쌓아왔던 것을 총체적으로 드러낼 수 있는 여정이다. 그래서 삶이 책이 되는 것이다.

한 권의 책을 기반으로 새로운 것을 배우고, 알아간다면 계속해서 책을 쓰는 삶을 살 수 있다. 책은 책을 쓰는 저자의 삶과 함께 발전하기 때문에, 처음 책을 낸 이후에도 성장하는 삶을 살 수 있다면 그다음 책을 쓸 수 있다. 한 권의 책은 내 삶을 다르게 바라보게 하고, 새로워진 관점으로 또다시 성장하게 한다. 내가 성장하면 그 상태에서 또 다른 책을 쓸 수 있는 원동력이 된다.

결국 책을 쓰면 삶이 좋아지고, 좋아진 삶은 또다시 책이 되어 독자에게 이로운 메시지를 전해주는 식으로 선순환된다. 그렇게 책만 썼을 뿐인데, 삶도 더 잘 살 수 있게 되는 것이다. 그런 면에서 한 권의 책은 큰 의미가 있다. 나를 세상에 드러내는 것 이상으로 내 삶에도 큰 영향을 미친다. 내가 뿌린 씨앗은 책이고, 그 씨앗은 자라고 자라서 나에게 기회도 주고, 내 삶에도 긍정적인 영향을 끼친다는 것만 잊지 말자.

책 쓰기는 삶의 정리, 지식의 체계화, 브랜딩이 되는 것이 전부가 아니다. 어쩌면 그것은 내가 책을 쓰면서 얻을 수 있는 혜택 중 일부일 뿐이다. 책을 쓰면 가장 좋은 점은 내가 살아있는 한, 내 삶이 책이 되는 경험과 책이 내 삶이 되는 기적에 있다.

자기혁명은 한 권의 책으로 시작 한다

나는 책 쓰기를 '자기 혁명의 끝판왕'이라 부른다. '혁명'이란 무엇인가? 사전적 의미로 이전 관습이나 제도, 방식 따위를 단번에 깨뜨리는 것이다. 더불어 질적으로 새로운 것을 급격하게 세우는 일이다. 나를 바꾸는 것은 어려운 일이다. 기존의 관습과 태도에서 벗어나 새로운 나로 거듭나는 과정은 결코 쉬운 일이 아니다. 책을 쓴 사람 중, 유독 삶이 바뀌는 사람이 많다. 좋은 일이 생기거나 다양한 기회로 연결된다. 책을 쓰면서 '의식'이 많이 바뀌기 때문에 그렇다. 출간 후, 부가적으로 따라오는 기회는 어쩌면 책을 쓰면 얻는 혜택의 일부다. 책 쓰기는 세상에서 가장 바뀌기 어렵다는 나를 바꾼다. 책을 읽고 삶의 변화를 느꼈다는 사람도 많지만, 책 쓰기는 변화를 넘어 인생의 큰 전환점이 될 수 있다.

리더로 활동하고 계신 분 중에서 독서나 글쓰기를 하고 있지 않은 분들을 찾아보기 힘들다. 팀 페리스의 『타인탄의 도구들』들에서도 타인탄(거인)들이 공통으로 가지고 있는 특징 중 하나를 '글쓰기'라고 강조한다. 그만큼 글을 쓰는 것은 삶을 바꾸는 큰 역할을 한다. 그중에서도 책 쓰기는 단순한 글쓰기로 되는 분야는 아니다. 앞서 설명한 것처럼, 사고의 체계를 바꾸고, 기획력과 창조력 등 다양한 역량이 필요한 일이다. 일단 책 쓰기는 글쓰기와 달리, 자신의 현재 의식 자체를 바꾸는 과정을 거쳐야 하므로 자기 자신을 혁명적으로 변화시킬 수 있다.

예를 들어, 책을 쓰는 예비 저자의 대다수가 독서하다가 글을 쓰기 시작한다. 책을 통해 얻은 인사이트를 기억하고 싶어 글을 쓰기 시작하면서 글쓰기에 입문한다. 독서는 정보나 지식 혹은 감성을 받아들이기만 하는 수동적 행위다. 독서를 많이 하다 보면, 결국 자연스럽게 쓰고 싶다고 생각하게 된다. 그러면서 글쓰기를 하게 되고, 더욱 적극적으로 글을 쓰기 시작하면서 책을 쓰고 싶어 한다. 보통 이런 과정으로 책을 쓰는 일에 관심을 두게 된다. 독서로 성장하는 것에 목마름을 느끼기 때문이다.

책을 쓰기 시작하면 독서만 했을 때와는 달리, 이런 지적 목마름이 해소된다. 책을 쓰려면 일단 적극적으로 책을 읽을 수밖에 없다. 독자로서 책을 읽을 때보다, 책을 쓰면서 독서하면 지식을 흡수하고 재해석과 통합 과정을 거치게 된다. 이러한 훈련을 반복하다 보면 똑같은 책을 봐도 다르게 해석할 수 있는 능력이 생긴다. 관점의 다각화다. 똑같은 책을 봐도, 다르게 생각할 수 있는 이유는 관점의 변화가 생겼기 때문이다.

『삐뚤어진 또라이의 작가일지』의 김영돈 저자도 "작가가 되면 같은 책, 같은 말, 같은 풍경도 새로운 관점으로 바라보는 눈이 생긴다."고 강조한다. 책을 쓰는 순간, 모든 것을 콘텐츠로 만드는 생산자의 입장에서 바라보게 된다. 사물이나 현상을 다른 각도에서 바라보면서 열린 시야를 가질 수 있다.

또한 책을 쓰다 보면 자연스럽게 사고력이 향상된다. 논리에 맞는 글을 쓰기 위해서는 깊이 생각해야 한다. 글쓰기와 사고는 서로 긴밀하게 연결되어 있다. 글을 쓰려면 생각해야 하고, 반대로 생각의 질이 좋아야 글쓰기도 좋아진다. 사고력이 좋아지면 업무나 학업 능력에도 영향을 미친다. 현 자리에서 책을 쓰게 된다면 지금 내가 있는 자리에서 나의 역량은 더욱 업그레이드될 것이다.

이런 과정을 통해 예비 저자는 독자에서 저자로 의식이 점점 바뀌어 간다. 한 권의 책을 완성하는 과정에서 생산자 의식으로 전환되는 것이다. 책을 쓰는 일은 적극적인 독서의 일부이기 때문에, 뇌에 더욱 강한 자극을 준다. 그래서 책을 내는 일련의 과정을 통해 의식 성장이 폭발적으로 일어난다. 책을 쓰면 나의 '의식 구조' 자체가 바뀌게 된다.

내가 나를 바닥까지 내려가서 객관적인 시각으로 바라본 적이 있는가? 한 권 분량의 책을 쓰다 보면 나의 밑바닥을 볼 수 있다. 내 지식이나 감정의 밑바닥과 마주하게 된다. 잘 알았다고 생각했던 지식도 글로 내뱉는 순간, 부족함을 느낀다. 한 번도 글을 통해 아웃풋을 해 보지 않은 분이라면 이런 감정을 더 느낀다. 특히 글로 풀어내지 않고, 말로만 지식이나 정보를 전달하는 강사나 상담사분들이 이런 느낌을 많이 받는다. 지식이나 정보를 파는 이러한 직업군도 책을 쓰면서 부족함을 느끼는 이유는 무엇일까? 자신이 알고 있다고 생각하는 지식을 온전히 글로 표현하며 검증할 만한 기회가 없었기 때문이다. 걱정할 필요는 없다. 책을 쓰면서 내 지식의 빈틈이 채워지고, 내가 알고 있는 지식과 정보가 더욱 명확해진다.

또한, 책을 쓰면서 내 감정의 깊은 곳까지 살펴볼 기회도 생긴다. 살면서 단 한 번이라도 나의 민낯을 바라볼 기회가 있었다면 큰 행운이다. 현대인들은 나를 객관적으로 바라볼 만한 여유가 없다. 책을 쓰면서 내 안에 있는 모든 감정을 마주하게 된다.

책 쓰기에서 하다 보면 처음 도전할 때부터 출간 이후까지 수많은 나의 감정을 대면한다. 보통 책 쓰기에 도전할 때 불안, 걱정, 도전이라는 두려움과 동시에 설렘이라는 감정을 느낀다. 원고를 쓰는 동안 부정적 감정인 고통, 조급함, 화, 짜증이라는 감정이 올라오기도 한다. 글이 잘 써질 때는 희열감, 자신감, 충만감, 희망이라는 감정이 생긴다. 내적 치유가 일어나면서 카타르시스도 느낄 수도 있다. 글을 다 쓰고, 출판사와 계약이 되면 자아 존중감은 극대화가 된다. 더불어 뿌듯함, 성취감, 감사함, 기쁨, 황홀함과 같은 초 긍정적인 감정을 느끼기도 한다. 이렇게 책을 쓰면서 내 감정의 민낯을 만나는 과정을 거치게 된다. 그런 감정을 다스리면서 앞으로 나아가다 보면, 내 감정을 조절하고 관리하는 능력까지 생긴다.

'자기 혁명'은 기존의 방식을 부수고 새로운 것을 받아들일 때 생긴다. 책을 쓰는 동안 경험하게 되는 내적 혁명은 기존의 내 것을 버리면서 시작된다. 책을 쓰기 위해 시간을 관리하고, 체력을 키운다. 내 감정의 바닥을 마주하고,

내가 알고 있는 지식의 깊이를 헤아려 보는 시간이 되기도 한다. 이런 과정을 거치면서 출간 후에는 '과거의 나'와는 전혀 다른 사람이 된다.

간혹 책 쓰기의 가치를 경제적인 가격으로만 환산하는 사람을 본다. 책을 내고 받는 인세나 출간 후, 강연이나 강의로 연결되는 금전적인 보상으로만 그 가치를 한정 짓는다. 경제적인 가치로 환산하여 내가 노력한 공을 보상받는 것도 중요하다. 그러나 책 쓰기의 가치는 경제적인 가치로 환산하기 어렵다. 어쩌면 내 삶을 통째로 바꿔 버릴 수 있는 혁명적 결과를 가져올 수도 있기 때문이다.

수십 년간 살아도 나를 이해하지 못하는 사람이 대다수다. 나를 객관화하지 못하는 분도 많다. 어른만 되었지, 성숙한 어른이 되지 못할 수도 있다. 책 쓰기는 수십 년간 변하지 못한 나를 변하게 만든다. 변화를 넘어 성장하게 한다. 내 삶에 일어나는 이런 긍정적인 변화를 어찌 돈으로 환산할 수 있을까. 책 쓰기의 가치는 해 보지 않고는 알기 힘들다. 그러니, 그 느낌을 알고 싶다면 오늘부터 책을 써 보자.

일생에 한 번 당신만의 책을 써라

　나는 보는 사람마다 "책 한 번 써 보라."고 이야기한다. 책 쓰기 충이 되어 그 사람의 이야기를 들으면 '책으로 엮으면 좋겠다.'라는 생각이 든다. 글을 쓰는 기쁨을 알고, 책을 쓴 이후 찾아오는 변화를 알기 때문이다. 그런 좋은 경험을 혼자 알기는 아까워 주변 분들에게 많이 권하고 있다. 덕분에 가족을 비롯해 내 영향을 받은 사람들은 책을 썼다. 그러면서 생각한다. 누구나 자신만의 스토리가 있고, 책 한 권을 펴낼 만한 이야기가 있다고.

　책은 성공한 사람이 자신의 성공담을 자랑하기 위해 쓰는 것이 아니다. 교수나 학자처럼 특정 분야를 많이 배운 후, 대중에게 지식을 뽐내기 위함도 아니다. 내가 독자보다 우위에 있음을 증명하기 위해 쓰는 것이라는 생각도 위험하다. 책을 쓴다는 것은 선 경험자로서 먼저 알게 된 것을 그 경험을 해 보지 못한 사람들에게 알려주는 마음으로 써야 한다. 나와 비슷한 사람 혹은 나 보다 더 못한 환경이지만 그것을 극복하여 성장한 이야기가 독자들과 연대감을 형성하고 동기부여를 준다.

쉽게 따라 할 수 없는 기업인의 성공스토리보다, 나도 할 수 있다는 자신감을 주는 책이 독자들에게는 위안을 준다. 서점에서 팔리는 책도 이런 심리를 반영한다. 해외 명문대를 나온 사람이 쓴 책보다 평범한 직장인이 노력하여 재테크로 성공한 이야기에 사람들은 열광한다. 독자들이 원하는 것은 나와 비슷한 환경이지만 조금 더 앞선 경험을 한 사람의 책이다.

그럼에도 많은 이들이 책 쓰기에 도전을 못 하는 이유는 무엇일까? '책은 아무나 쓸 수 있는 것이 아니야!' '내가 책을 낼 만한 사람인가?'하고 미리 판단하고, 걱정하기 때문이다. 책 쓰기 상담할 때도 예비 저자분이 가장 많이 하는 고민하는 부분이기도 하다. 나는 그런 분들에게 힘을 빼고 시작해 보라고 말한다. 책 한 권에 나의 모든 것을 걸 필요는 없다. '이 책 한 권으로 반드시 베스트셀러가 되야지.', '누구나가 인정할 만한 역작을 써야지.' 이런 부담은 내려놓아야 한다. 조금은 가볍게 '피아노 배워서 콩쿠르는 나가봐야지.'라는 마음으로 접근하는 것이 좋다. 처음 쓴 책이 누구나 알 만한 베스트셀러가 되어 명성을 크게 얻으면 좋겠지만, 그런 경우는 흔치 않다. 저자의 역량이나 경험에 따라 다르긴 하지만, 처음 쓴 책이 여러 권을 쓴 사람의 책보다 다소 미흡할 수밖에 없다. 책을 쓰는 것도 일정 기간 경험치를 쌓으면서 훈련해야 실력이 는다.

그렇게 설명하면 준비를 더 많이 하고 책을 쓰겠다고 하는 분들이 있다. 책 한 권 써 보려고 오랜 준비를 하려고 한다. 글쓰기 공부만 1년 이상, 집필 기간만 1~2년. 글쓰기에 대한 부담과 한 권의 책을 내더라도 큰 성공을 할 마음으로 긴 시간을 투자한다. 여기서 처음 책을 쓰는 분들이 놓치는 것이 있다. 그러면 출간 시기가 미루어지고, 준비와 집필하는 기간 동안 출판 트렌드가 바뀐다는 점이다.

초고를 쓰면서 현재였던 사건은 시간이 많이 지나 이미 오래된 일이 되어 버려 신선함이 떨어진다. 집필 시간이 길면, 조금 더 퀄러티 있는 글이 나올 것 같지만 그렇지 못하다. 1년을 붙잡고 쓴 글이나, 3~4개월 집중해서 쓴 글의 차이가 크지 않다. 오히려 시간을 지체하다 출간 자체를 포기할 확률만 높다.

글쓰기 실력 또한 마찬가지다. 몇 년간 글쓰기 공부를 하겠다며 습작 활동을 하고 책 쓰기 수업에 들어 온 분이 계셨다. 문학창작과를 졸업하여 전공 공부도 열심히 했고, 습작 활동으로 글쓰기에 자신감이 있던 분이었다. 실제 초고를 쓰면서는 애를 먹었다. 자신이 해 왔던 글쓰기 방법과 책을 쓰는 방법이 차이가 있어서였다. 글쓰기의 종류도 여러 가지다. 논리적 글쓰기부터 논문 쓰기, 보고서 쓰기, 에세이 쓰기까지 글의 쓰임새에 따라 다르다. 우리가 쓰는 것은 책을 쓰기 위한 글쓰기다. 책의 장르에 맞게 나의 논리를 풀어가는 방식이다. 따라서 글쓰기 공부를 오래 했다고 해서 책을 잘 쓰는 것은 아니다.

그분이 어려움을 느꼈던 이유는 자신의 글을 객관적으로 파악해 보는 시간 없이 무조건 쓰기라는 행위에만 집중했기 때문이었다. 오랜 시간 글쓰기 습작을 하는 것보다, 책 한 권 쓰는 것이 글쓰기 실력을 늘리는 면에서도 낫다. 책을 쓴다는 것은 실전이다. 습작 활동은 연습만으로 끝이 나지만, 책은 출간이라는 목표가 있다. 초고를 쓴 다음에도 끊임없이 고쳐 쓰는 과정을 통해 글이 좋아진다. 한 권의 책이 완성되기 위해 여러 번 고쳐 쓰기 과정과 출판사 편집자의 디렉팅에 맞게 수정한다. 그 과정을 통해 나의 글쓰기 실력 또한 향상

된다. 글쓰기가 책을 쓰는 데 필요한 요소이긴 하지만, 책 쓰기를 가로막는 장애물은 아니란 뜻이다.

책 쓰기 지도하면서도 그런 경우가 많았다. 몇 년씩 글쓰기 연습을 해 온 분보다 한 권이라도 출간 경험이 있는 분들의 글이 훨씬 좋았다. 한 권의 출간 경험이 수년간 글쓰기 공부를 한 사람보다 글쓰기 실력 면에서도 우수하다는 결론이다. 또한 출판 프로세스를 이해하는 안목도 키울 수 있어 '저자 마인드 세팅'에도 도움이 된다. 내가 책을 써야겠다고 마음을 먹었다면, 이것저것 재지 말고 일단 한 권이라도 써 보는 경험을 해야 하는 이유다.

첫 책의 부담을 줄이는 방법은 자신의 스토리를 기반으로 책을 쓰는 것이다. 대단한 노하우나, 괄목할 만한 성과를 냈던 경험이 없더라도 괜찮다. 내가 살면서 얻었던 경험과 지식을 진솔하게 쓰는 것부터 시작하는 거다. 내 이야기라서 나에게는 친숙하여 책으로 펴낼 만한 가치가 없다고 느껴질지 모른다. 시대가 변했다. '감성과 스토리' 시대다. 독자들은 나와 비슷한 사람이 쓴 이야기에 공감한다. 내로라하는 스펙의 소유자가 아니더라도 나와 유사한 경험을 한 사람이 쓴 글에서 위로를 받는다. 100만 부 이상이 팔린 이기주 저자의 『언어의 온도』역시 일상에서 얻은 소재로 책을 썼다. 사람들이 하는 말 사이에서 온도의 차이를 느낀 점을 섬세하게 풀어가는 것만으로 30대 여성 독자는 위로를 받았다.

『오늘부터 내 책 쓰기 어때요?』의 송숙희 저자도 요즘 독자들은 '나를 따르세요.', '내가 최고예요.'라고 말하는 사람이 쓴 책보다 한발 앞서 경험한 선임이나 혹은 언니나 친한 동네 형처럼 세심하게 살피고 알려주는 글을 읽고 싶어 한다고 전한다.

이제는 저자 자신의 소소한 삶 속에서 얻은 경험이나 지혜를 통해 독자 자신의 문제를 돌아보게 하고, 해결책을 찾으려고 한다. 말인즉슨, 이제는 보통 사람들이 책을 통해 자신의 경험과 지식을 나누는 시대가 되었다는 의미다. 과거보다 책을 쓰는 문턱이 높지 않다. 내가 마음먹고 쓰려고 하면 책을 쓸 수 있는 때다.

그 누구도 아닌, 당신만의 이야기로 한 권의 책을 써라. 책 쓰기의 위력을 알게 될 것이다. 단 한 권의 책 쓰기 경험이 당신 삶에 위대한 영향을 끼칠 것이다. 그래도 도전하기 어렵다면 아래 말을 새겨보자.

"나를 뛰어넘는 사람이 책을 쓰는 것이 아니라,
나를 뛰어넘기 위해 책을 쓰는 것이다.

성공한 사람이 책을 쓰는 것이 아니라,
성공하기 위해 책을 쓰는 것이다.

특별하기 때문에 책을 쓰는 것이 아니라,
책을 쓰면 특별해진다."

책 출간 후, 나는 어떤 쪽으로 나아가고 싶은가요? 미리 상상하면서 계획을 짜 보세요.

1. 출간 후, 최종 목표

_____

_____

2. 출간 후, 가고 싶은 방향

	출간 후 방향	어떻게 하면 될까?
1	강연가	
3	크리에이터	
4	칼럼니스트	
5	컨설턴트	
6	코치	

"당신 삶도 찬란합니다."

출판 기획 일을 하며 다양한 사람들을 만나고, 상담합니다. 한 사람의 경험이나 지식이 책으로 탄생하기 위해 제가 가장 먼저 하는 일은 무엇일까요? 여러분의 예상대로, 그 사람의 이야기를 듣는 것입니다. 한 권의 책은 그 사람의 삶을 대변해 주기도 하고, 그 사람의 전문성을 증명해 주기도 합니다. 그러니 상대방을 모르고는 할 수 없습니다.

사연 없는 사람이 없듯, 여러 사람의 이야기를 듣고 그들의 이야기가 책이 되도록 기획해 주면서 깨달은 것이 있습니다. '세상에 가치 없는 인생은 없으며, 단지 발견하지 못한 인생만 있을 뿐이다.'라고요.

그렇습니다. 우리는 각기 다른 안경을 쓰고, 다양한 모습으로 살아갑니다. 세상이 정해 놓은 성공 기준에 맞춰 살아가다 보니, 내 삶의 가치를 충분히 알지 못할 뿐이죠. 제가 책 쓰기 코칭을 하면서 만난 사람들도 그랬습니다. 사회적인 기준에 맞는 성공을 했지만, 본인은 책을 쓰기에는 부족하다고 느끼는 분들. 책은 쓰고 싶지만 내 삶이 평범하여 책을 쓸 자격이 안 될 것 같다고 걱정하는 분들이 많았습니다. 이렇게 시작도 하기 전에 근심 걱정이 생깁니다.

그러나 책을 쓰는데 어떤 엄격한 기준이나 자격증 같은 것은 없습니다. 책을 쓰는 기준이 '성공'과 '부'라고 가정한다면 대기업 총수들은 모두 책을 써야겠지만, 다 그런 것은 아니니까요. 만약 책을 쓰는 자격증이 '글을 잘 쓰는 사람'이라고 정해져 있다면 어떨까요? 글쓰기를 업으로 하는 기자나 방송국 작가들은 모두 책을 써야 합니다. 주변을 둘러보면, 그런 일을 하는 분들이 모두 책을 쓰는 것은 아닙니다. 아마도 우리도 모르는 사이에 '성공한 사람이 책을 쓴다.'라는 편견이 생겨 버렸는지 모릅니다.

수년 간 주부, 직장인, 강사, 전문직, 사업가분들을 지도하며 책을 쓸 수 있도록 도와주면서 제가 느낀 점은 '편견'만 깰 수 있어도 책 쓰기에 도전할 수 있다는 것이었습니다. 열린 마음으로 새로운 분야를 배운다는 마음으로 임한다면 책은 누구나 쓸 수 있습니다.

이 책을 읽고 자신의 삶을, 내 전문성을, 지난 경험을 책으로 펴내어 내가 성장하고, 타인의 성장을 도와주는 삶을 사셨으면 좋겠습니다. 책을 쓴다는 것은 내가 알고 있는 것을 모르는 사람들에게 글이라는 매개체를 통해 알려주는 선한 행위니까요. 어른이 되어, 내가 세상을 살면서 얻은 지혜를 나누어 주는 것만으로도 큰 가치 있는 삶일 겁니다.

부디 이 책을 통해 내 삶 자체로도 책으로 펴낼 만큼 찬란하고, 고귀하다는 걸 깨달았으면 좋겠습니다. 여러분의 삶이 한 권이 책입니다. 자, 그럼 이제는 도전할 차례입니다.

2024년 12월

우희경

일생에 한 번 당신만의 책을 써라

초판 1쇄 발행 2025년 1월 14일

지은이 | 우희경
디자인 | 이현중

발행인 | 우희경
펴낸곳 | 밀크북스
등록번호 | 120-98-28541
주소 | 제주도 서귀포시 에듀시티로148 125동, 4F
전자 우편 | milk_books@naver.com
출판신고 | 2023년 10월 5일 제652-2023-000026호

ⓒ우희경, 밀크북스 2024, Printes in Korea.

ISBN | 979-11-987789-3-2 (03700)

· 이 책에 실린 내용은 저작권법에 따라 보호를 받는 저작물이므로 무단 전재와 무단 복제
  를 금합니다.
· 이 책 내용의 전부 또는 일부를 사용하려면 반드시 출판사의 동의를 받아야 합니다.
· 잘못된 책은 구입처에서 교환해 드립니다.
· 책값은 뒤표지에 있습니다.